SINO-WISDOM
信睿企管·传播经营智慧

不懂任职资格，怎么做管理

水藏玺◎著

中国纺织出版社有限公司
国家一级出版社
全国百佳图书出版单位

内 容 提 要

“选对人，做对事”是对企业用人的高度概括。人力资源管理最高境界就是将合适的人放在合适的位置，让其发挥最大价值，为企业实现经营目标贡献智慧。对于企业而言，由于不同岗位对任职者的任职要求是不同的，因此需要根据不同职位族、不同职系建立任职标准，为了解决这一问题，任职资格便应运而生。

作者根据自己多年的企业咨询心得，结合企业实际需求，从全面认识任职资格、任职资格开发与认证、任职资格应用等维度全面介绍了任职资格的编制与实践。本书内容的实操性很强，企业的相关管理者系统掌握了这些方法，并能以此选择和用好每一位员工，对企业目标的实现会大有帮助。

图书在版编目（CIP）数据

不懂任职资格，怎么做管理 / 水藏玺著. -- 北京：中国纺织出版社有限公司，2022.2

ISBN 978-7-5180-9164-5

Ⅰ. ①不… Ⅱ. ①水… Ⅲ. ①企业管理—人力资源管理—研究 Ⅳ. ①F272.92

中国版本图书馆 CIP 数据核字（2021）第 235993 号

责任编辑：向连英　　责任校对：高　涵　　责任印制：何　建

中国纺织出版社有限公司出版发行

地址：北京市朝阳区百子湾东里A407号楼　邮政编码：100124

销售电话：010—67004422　传真：010—87155801

http://www.c-textilep.com

中国纺织出版社天猫旗舰店

官方微博 http://weibo.com/2119887771

三河市宏盛印务有限公司印刷　各地新华书店经销

2022年2月第1版第1次印刷

开本：710×1000　1/16　印张：12.5

字数：192千字　定价：49.80元

前言

作为一名管理者，你是否为招不到合适的下属而烦恼？你是否为不知道如何筛选出合格的下属而烦恼？你是否为下属做不好、做不对你交代的工作而烦恼？你是否为不知道如何根据下属职业取向帮助其进行职业生涯规划而烦恼？你是否为不知道如何帮助下属更好、更快地成长而烦恼？你是否为不知道如何正确、客观、全面地评估一名下属而烦恼？你是否为不知道该如何激励绩优者、惩处绩劣者而烦恼？……是的，以上是很多管理者普遍面临的问题！

其实，解决以上困惑并不难，其方法自古有之。

就拿如何招到合适的下属而言，我们的祖先——尧就有很好的处理方法。早在尧禅让于舜的时候，尧为了考察舜的为人与品格，先将自己的女儿娥皇、女英嫁于舜，并赐予牛、羊、谷种，还让其九子与舜同行、同劳。经过二十多年的考察，舜以其仁爱、善良、包容、孝心取得了尧的信任，他的这些品格正符合尧对帝位任职标准的定义，最终完成了经典的尧舜禅让。

关于如何评价一个人，在《吕氏春秋·论人》中有明确的标准和方法，又称“八观六验”要诀。书中提道：“凡论人，通则观其所礼，贵则观其所进，富则观其所养，听则观其所行，止则观其所好，习则观其所言，穷则观其所不受，贱则观其所不为。喜之以验其守，乐之以验其僻，怒之以验其节，惧之以验其持，哀之以验其人，苦之以验其志。八观六验，此贤主之所以论人也。”《庄子》也提出了识人的“八验”模型：“故君子远使之以观其忠，近使之以观其敬，烦使之以观其能，猝问之以观其智，急与期以观其信，醉以酒以观其性，杂以处以观其色，示以利以观其廉。”

关于员工职业发展，中国古代的三公九卿制、九品中正制、九品十八级制度，也是我们学习和参考的极佳案例。

在国外，20 世纪 50 年代后期，麦克利兰博士在帮助美国新闻总署解决如何选拔新闻总署图书馆及海外文化事务官员的问题时提出一位杰出新闻总署官员需要具备的一系列能力，如跨文化人际敏感性、对他人的积极期望、快速融入当地政治网络等，从而形成了美国新闻总署官员的任职资格标准。

同时，经过大量的实践研究，麦克利兰博士将常见的胜任力要素按照内容或作用的相似程度分为六个基本的特征族（成就与行动族、帮助与服务族、冲击和影响族、管理族、认知族、个人能效族），每个特征族又按照行为与绩效差异影响的显著程度划分为 2 ～ 5 项具体的胜任特征。

还有，大家都知道，华为在管理方面也是花了大量的人力、物力和财力，最早在国内企业中建立了完善的任职资格体系。在华为，围绕客户价值创造有一个非常有名的“铁三角”模型，即：以企业目标与使命为导向形成的绩效管理体系；以流程、组织及职位为基础的运营体系；以胜任力模型、任职资格为核心的能力体系。这三个体系分别面向绩效、职位以及能力：绩效用“事”来表示，职位用“岗”来表示，任职资格与胜任力用“人”来表示。这三个体系之间有着明确的分工并有机地融合，首先对职位进行评价，确定职位价值，确定该职位所需的任职资格和胜任力等；其次对人进行评价，把职位任职资格与胜任力相结合，做到“人岗匹配”；最后对绩效进行评价。

如上所述，对于识人、用人、培养人、评价人、激励人等方面有很多方法和工具，不同领域、不同企业也都有很好的实践和总结，作为一名合格的管理者，必须系统掌握这些方法，以此选择并用好每一位下属，使其为组织目标服务。

本书中提出的方法是过去 18 年信睿咨询团队在为近 500 家客户提供任职资格咨询服务的过程中反复实践和验证的结果，具有普遍的应用价值与现实意义。这是信睿咨询团队集体智慧的结晶，在本书出版之际谨对信睿咨询的所有客户及全体顾问致以谢意。

另外，中国纺织出版社有限公司的向连英女士是我多年来一直合作的责任编辑，从《管理就是解决问题》算起，到《不懂任职资格，怎么做管理》，我们共同合作先后出版了 11 本书，她的睿智、认真以及对工作一丝不苟的精神，是我学习的榜样，特别对本套丛书的策划和编辑更是付出了大量的心血，在此也一并谢过。

最后，还要感谢我的家人，由于顾问工作性质，长期、频繁出差在所难免，因此很少有时间好好陪在家人身边，在此也谢谢家人的鼎力支持、无私奉献和默默付出。

当然，限于个人能力、学识与资历，疏漏之处在所难免，恳请广大企业家、同行、读者朋友不吝批评与指正，我愿与大家共同成长，在国家宏观政策引导下，帮助企业通过任职资格体系的建立和完善，推动中国企业实现稳健、可持续发展，创造让世人瞩目的经营业绩，谢谢。

如有任何疑惑或不同的观点，可以直接来信与我联系，期待着与大家交流，我的电话：13713696644，电子邮箱：sacaxa@163.com，微信：shuicangxi。

水藏玺

2021 年 5 月 1 日于深圳前海

目　录
Contents

第三部分　任职资格应用

第一部分 PART ONE

全面认识任职资格

凡论人，通则观其所礼，贵则观其所进，富则观其所养，听则观其所行，止则观其所好，习则观其所言，穷则观其所不受，贱则观其所不为。

——《吕氏春秋·论人》

远使之以观其忠，近使之以观其敬，烦使之以观其能，猝问之以观其智，急与期以观其信，醉以酒以观其性，杂以处以观其色，示以利以观其廉。

——《庄子》

管理三要素：搭班子、定战略、带队伍。

——柳传志

选对人、做对事，这是一名合格管理者必备的素质之一。

——本书作者

第一章 初识任职资格

如果你是一名销售部门负责人，你的下属可能有很多销售工程师，这些销售工程师之间可能存在能力差异、素养也各有不同，同时销售业绩也可能千差万别，那么如何评价他们？如何对这些销售工程师分出三六九等？如何对销售业绩不好的工程师进行训练和培养？如何在绩优的销售工程师中提炼和总结其成功的秘诀，进而加以推广？这就需要建立销售工程师任职资格体系。

同样的道理，假如你是一名检验主管，在你的团队中就可能有几名、十几名甚至几十名检验员，这些检验员也会存在资历、学历、能力、经验及业绩的差异，为了确保产品质量的稳定性和可靠性，如何对这些检验人员按照一定的规则分为初级检验员、中级检验员、高级检验员，让不同级别的检验员从事与其综合素质相匹配的工作，而不是让所有检验员都干同样的工作，这也需要建立检验员的分级标准和任职资格标准。

一、任职资格及相关理论

任职资格是人力资源体系建设的基础，是管理者甄选、培养、评价员工的依据，也是员工职业发展规划的必要条件。

任职资格是指为了保证工作目标顺利实现，任职者必须具备的学历、专业、经验以及知识、能力、素养、工作要素、工作内容及工作标准等方面的要求。

对于任职资格及相关理论的研究自古有之，特别是 20 世纪 50 年代之后，如冰山素质模型、胜任力金字塔模型、组织能力杨三角理论等类似模型的陆续出现及越来越广泛地应用，从企业对员工甄选、培养、评价及激励，到事业单位人才选拔及干部任用、提拔，随时随地都能看到与任职资格相关的应用场景。

中国古代对任职资格的研究和实践，在《吕氏春秋》《庄子》等中都有详细的记载。第二次工业革命之后，从泰勒 1911 年发表的《科学管理原理》中提出的科学管理理论、吉尔布雷斯夫妇 1911 年发表的《动作研究》提出的“工作—时间”研究、闵斯特伯格 1912 年出版的《心理学与工业效率》中提到的运用心理测验来进行人员选拔、赫茨伯格提出的“双因素理论”、马斯洛提出的“需求层次理论”、麦格雷戈提出的 X 理论与 Y 理论、1933 年梅奥出版的《工业文明中的人性问题》

一书中有名的“霍桑实验”进行行为科学研究，到20世纪50年代麦克利兰提出“冰山素质模型”，全世界的管理学家们都在潜心研究工作对人的要求，以及人与职位的匹配程度，期望能够找到影响人与职位的最佳匹配的条件和因素，进而指导企业进行员工选拔、培训、培养、评价与激励工作。

1. 中国古代对任职资格的研究

早在尧禅让于舜的时候，尧为了考察舜的为人与品格，先将自己的女儿娥皇、女英嫁予舜，并赐予牛、羊、谷种，还让其九子与舜同行、同劳。经过二十多年的考察，舜的仁爱、善良、包容、孝心取得了尧的信任，这些品格正好能够满足尧对帝位任职标准的定义，最终完成了经典的尧舜禅让。

《吕氏春秋·论人》指出：凡论人，通则观其所礼，贵则观其所进，富则观其所养，听则观其所行，止则观其所好，习则观其所言，穷则观其所不受，贱则观其所不为。喜之以验其守，乐之以验其僻，怒之以验其节，惧之以验其持，哀之以验其人，苦之以验其志。八观六验，此贤主之所以论人也。

《庄子》指出：远使之以观其忠，近使之以观其敬，烦使之以观其能，猝问之以观其智，急与期以观其信，醉以酒以观其性，杂以处以观其色，示以利以观其廉。

三国蜀汉政治家、军事家诸葛亮指出一个将领是否合格的十五项标准：一曰虑，间谍明也；二曰诘，谇候谨也；三曰勇，敌众不挠也：四曰廉，见利思义也；五曰平，责罚均也；六曰忍，善含耻也；七曰宽，能容众也；八曰信，重然诺也；九曰敬，礼贤能也；十曰明，不纳谗也；十一曰谨，不违礼也；十二曰仁，善养士卒也；十三曰忠，以身徇国也；十四曰分，知止足也；十五曰谋，自料知他也。

可以这么说，尧对舜的考察项目、《吕氏春秋·论人》的“八观六验”（礼、进、养、行、好、言、受、为；守、僻、节、持、人、志）、《庄子》的“八验”（忠、敬、能、智、信、性、色、廉）以及诸葛亮的“十五项标准”（虑、诘、勇、廉、平、忍、宽、信、敬、明、谨、仁、忠、分、谋）中提到的仁爱、孝心、诚信、公平、廉洁、宽容、公正、忠诚…… 都可以作为企业衡量一名合格员工的标准，也可以理解为这就是早期的任职资格。

2. 麦克利兰的冰山素质模型

20世纪50年代后期，美国政府支持麦克利兰博士对选拔外交官的方法进行研究，当时的情况是美国新闻总署面临如何选拔新闻总署图书馆及海外文化事务官员的问题，美国新闻总署给麦克利兰博士提出的要求是确定一位杰出美国新闻总署官员需要具备的态度和习惯标准，以便新闻总署据此测试并选拔合适的人选。在对不同绩效新闻总署官员分析的基础上，麦克利兰提出一名优秀外交官员需要具备的一系列条件，如跨文化人际敏感性、对他人的积极期望、快速融入当地政治网络等，这样就形成了美国新闻总署官员的胜任力模型。

后来，麦克利兰博士及大量后来者在经过长期实践的基础上，将胜任力模型继续细化和深度应用，最终演化成“冰山素质模型”（图 1-1）。“冰山素质模型”告诉我们，要想使一名员工产生好的工作业绩，冰山露出水面的部分，包括知识、技能，是容易测量和评价的，企业可以通过教育和训练来改变和提升。而冰山隐藏在水面以下的部分，包括社会角色、自我意识、个性特征以及动机，则是一个人内在的、难以测量的，这些因素不容易受到外界因素的影响和干扰，但又对一个人的行为及工作业绩产生巨大的影响。

图1-1　冰山素质模型

其中：

（1）技能是指结构化地运用知识完成某项具体工作的能力，即对某一特定领域所需技术与知识的掌握情况，如关系建立能力、领导能力、文化传播能力、沟通能力、组织协调能力、口头表达能力、学习能力等。

（2）知识是指个人在某一特定领域拥有的事务性与经验型信息总和，如战略管理知识、人力资源知识、财务管理知识、生产管理知识、质量管理知识等。

（3）社会角色是个人对社会规范的认知与理解，如以企业员工的形象展示自己、出色完成家庭赋予的职责、扮演好社会公民角色。

（4）自我意识是指个人对自己身份的知觉与评价，如将自己视为权威、热心参与者或者积极执行者、旁观者等，它表现出来的是个人态度、价值观与自我形象。

（5）个性特征是指个性、身体特征对环境和各种信息所表现出来的持续反应，如处事谨小慎微、做事井井有条、做事毛手毛脚、生活邋里邋遢、总能处乱不惊、喜欢夸夸其谈、喜欢华而不实、善于动手操作等。

（6）动机是指在一个特定领域的自然而持续的想法和偏好（如成就动机、客户意识、结果导向、大局观念、团队精神、亲和力、影响力、责任心等），它们将驱动、引导和决定一个人的外在行动，是冰山素质模型的基础因素。

麦克利兰博士根据多年实践和研究，将常规的胜任力归结为以下 21 项，并将这 21 项胜任力要素按照内容或作用的相似程度分为 6 个基本的特征族（成就与行动族、帮助与服务族、冲击与影响族、管理族、认知族、个人能效族），每个特征族又按照行为与绩效差异影响的显著程度划分为 2 ～ 5 项具体的胜任特征（表 1-1）。

表1-1　麦克利兰胜任力词典

特征族	胜任力要素解释	相应任职资格要素
成就与行动族	成就导向（ACH）：成就导向是希望更好地完成工作或达到一个更优秀绩效的标准。成就导向分为三个构面，分别为行动的强度和完整性、影响范围、创新	结果导向、效率导向、专注标准、专注改善、创业精神、资源的充分利用
	重视次序、品质和精确（CO）：是指反应于降低环境不确定性的潜在动机，包括监控、重视次序、降低不确定性、持续跟踪	监控、流程意识、降低不确定性、持续跟踪

续表

特征族	胜任力要素解释	相应任职资格要素
成就与行动族	主动性（INT）：重点在于采取行动，主动的意义是在没有人要求的情况下，超乎工作预期和原有需要层次的努力，这些付出可以改善及增加效益，以及避免问题的发生或创造新的机会	行动、果断、未来策略导向、把握机会、前瞻性
	信息收集（INFO）：由于人们强烈的好奇心，想知道更多的人、事物或特殊议题，而主动进行信息收集，也就是说花费力气去获得更多的信息，而不是接受眼前现实	信息收集与分析、周密思考、问题定义、诊断焦点、客户及市场敏感度、探究
帮助与服务族	人际理解力（IU）：想要了解他人，这种想要了解他人的能力，可能清楚地倾听及体会到他人没有表达出来或是表达不完整的想法、感觉及考量。人际理解力分为两个构面，分别是对他人理解的深度、倾听与回应他人	同理心、倾听、人际敏感度、洞察他人的感觉、诊断式了解
	客户服务导向（CSO）：指有帮助或服务他人、满足他人需求的渴望，全力将努力的焦点放在发掘和满足客户的需要上面	协助与服务导向、以客户需求为焦点、成为客户的伙伴、满足客户的诉求、重视满意度
冲击与影响族	冲击与影响（IMP）：表现出劝诱、说服、影响或者感动他人的能力，以赢得对方的支持与认可，或呈现出对他人产生特定冲击或影响的渴望	战略影响力、印象管理、表演能力、表达能力、目标说服、合作影响
	组织认知（OA）：是指个人了解自己在组织中权力关系的能力，以及在更高层面或更大圈子中的地位。包括辨明谁是组织真正的决策者与哪些人影响他们的能力	参与组织、带领他人、对客户组织的认知、政治敏感性
	关系建立（RB）：与相关人员建立与维持友善、和谐的工作关系	建立网络、资源利用、开发人脉、对客户关系的关切、建立融洽关系的能力
管理族	培养他人（DEV）：培养他人是冲击与影响的一项特殊能力，是指促成他人学习或者发展的意愿，以及适当帮助他人成功	教导与训练、确保能够成长与发展、指导他人、提供支持
	命令，果断与职位权力的运营（DIR）：是指促使他人依照其希望行事，命令通常含有“告诉他人做什么”的主题或语调	果断、权力的运用、积极影响力的运用、主导、坚持提升服务品质、维持秩序

续表

特征族	胜任力要素解释	相应任职资格要素
管理族	团队合作（TW）：是指与他人通力合作，并成为团队一部分，共同工作而非分开工作或相互竞争。团队合作分为三个构面，分别为团队合作的强度、涉及的团队规模、促使团队合作努力或主动积极的程度	团队管理、团队促进、化解冲突、部门氛围、激励他人
	团队领导（TL）：是指担任团队领导者，并带领团队达成组织目标	指挥、负责管理、远见、团队管理和激励、建立团队目标、建立组织秩序、关心下属
认知族	分析式思考（AT）：系统地把一个问题或情况的各个部分组织起来；系统地比较不同的特征或构面，依据理性设定先后次序；找出时间的次序、因果关系，或是并列关系	实际智力、分析问题、推理、计划能力
	概念式思考（CT）：是指拼凑片段或着眼大局来了解一个问题或情况，包括找出它们之间的关联关系，或者找出复杂情况之中的关键点。概念式思考是利用创意、概念进行归纳推理，以便应用现有概念或者定义新的概念	概念的使用、辨别模式、洞察力、批判式思考、定义问题、形成理论的能力
	技术/职业/管理的专业知识（EXP）：是指对相关知识的精通、应用以及传播给别人的动机	专业知识、专家助手形象、诊断技巧、学习热情
个人效能族	自我控制（SCT）：是指在遭受诱惑、阻力、敌意、压力时，保持冷静、控制负面情绪和行动的能力	耐力、抗压能力、保持冷静的能力、不容易被激怒
	自信（SCF）：是一个人面对挑战和各种挫折时，对完成一项任务或采取某种手段完成任务和解决问题所表现出来的信念	果断力、自尊、独立、强烈的自我概念、愿意承担责任
	弹性（FLX）：是指一个人在不同环境下，与不同人或群体工作时所表现出来的适应性。弹性可以让人了解、珍惜不同或对立的观点，在情况发生变化的时候，可以根据实际情况改变做事的方式，并在组织或工作要求上有所改变或轻易接受改变	拥抱变化、适应能力、改变的能力、学习能力、知觉的客观性、保持客观、耐力
	组织承诺（OC）：是指一个人有能力并愿意将个人的行为调整到与组织需求、重要决定及目标相一致，并在行动上协助达成组织目标或符合组织需求	企业思维、使命导向、组织愿景、团队意识、对上级使命的承诺
	其他个人特色与能力	专业知识、专项技能、特殊能力要求

同时，为了解决不同管理层级员工对同一项胜任力要素要求的差异，麦克利兰还对每项具体的胜任特征都有一个具体的释义与至少 1 ～ 5 级的分级说明，并辅助以具体、典型的行为描述（表 1-2）。

表1-2 麦克利兰胜任力要素分级释义

团队合作：分为三个维度，分别为团队合作的强度、涉及的团队规模、促使团队合作努力或主动积极的程度	
级别	行为描述
维度（A）	团队合作的强度
A（-1 级）	不合作，造成团队分裂，导致问题产生
A（0 级）	中立、被动，不参与或不属于任何团队
A（1 级）	合作，自愿参与，支持团队的决定，是一个好的团队成员
A（2 级）	分享信息，不断向其他人提供有关团队进展的信息
A（3 级）	表达出正面的期待，用正面的词语评价团队成员，凭借理性表现出对他人才智的尊重
A（4 级）	恳求别人提供意见，重视他人的意见和专业知识，愿意向他人学习，尤其是下属；恳求他人提供意见和看法，并协助执行特定的决策或计划
A（5 级）	给予他人动力，公开表扬他人的良好表现和工作成绩，鼓励并给予他人动力，让他们感觉到自身的价值
A（6 级）	采取行动增进友善的氛围，维护和提升团队在外部的声誉
A（7 级）	化解冲突，公开团队中存在的问题和冲突，并鼓励或促成有利问题或冲突解决的方案，不隐藏冲突或避开问题
维度（B）	涉及的团队规模
B（1 级）	3 ～ 8 人的非正式团队，可能包括社交或友谊性质的群体
B（2 级）	任务小组或临时性团队
B（3 级）	正式的工作小组或小型部门
B（4 级）	大型部门，成员大约 16 ～ 50 人
B（5 级）	大公司的部门或整个中型公司
B（6 级）	较大型的公司
维度（C）	促使团队合作努力或主动积极的程度
C（1 级）	不做任何额外的努力
C（2 级）	采取超出例行公事的行动
C（3 级）	付出超出平常的努力，付出额外的时间，可能长达数月
C（4 级）	督促他人采取非例行公事的行动、举行额外的会议等
C（5 级）	让团队其他成员也一起付出超出平常的努力

3. 安托尼特·D. 露西亚、理查兹·莱普辛格的胜任力金字塔模型

美国管理专家安托尼特·D. 露西亚、理查兹·莱普辛格在《胜任：员工胜任力模型应用手册》一书中提出了“胜任力金字塔”模型（图 1-2）。

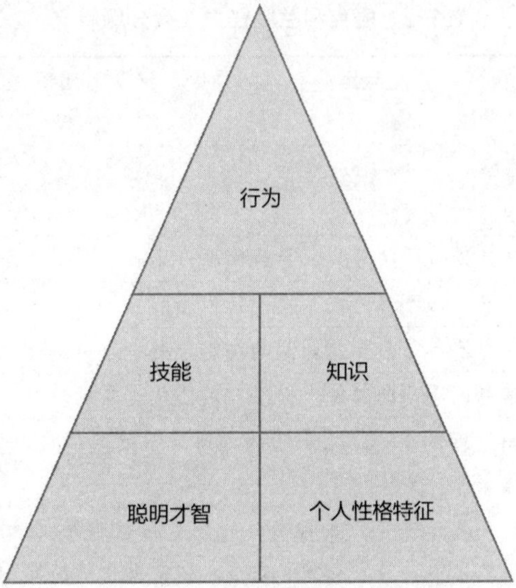

图1-2 胜任力金字塔模型[1]

安托尼特·D. 露西亚、理查兹·莱普辛格认为胜任力模型应该包括天生的能力和后天获得的能力。这种胜任力模型基本上形成了一个金字塔，这个金字塔以天赋为基础（包括聪明才智、个人的性格特征），上面是通过后天学习、努力以及亲身体验所得到的各种技能与知识，而位于金字塔顶端的则是一些具体的行为表现，它们是前面提到所有内在以及后天培养获得的能力的外在体现。

在安托尼特·D. 露西亚、理查兹·莱普辛格看来，真正能够产生好的工作业绩的前提是员工做出了影响最终结果的一系列行为，而这些行为又受制于员工个人技能和知识结构的影响，但最终影响员工是否具备相应技能和知识结构的因素则来自员工个人的聪明才智和个人性格特征。

4. 杨国安的组织能力杨三角理论

著名管理学家杨国安认为：成功的企业 = 成功的战略 × 组织能力，其中，成功的战略是企业迈向成功的前提，战略错了，一切皆输，杨国安将战略定义

---

❶ 安托尼特·D. 露西亚，理查兹·莱普辛格. 胜任：员工胜任力模型应用手册[M]. 郭玉广. 译. 北京：北京大学出版社，2004：P9.

为：满足客户某种至关重要的需求；以优于竞争对手的方式加以执行；持续保持这种优势。组织能力是战略实现的保障，没有强有力的组织能力，再好的战略也都是空中楼阁。杨国安将组织能力定义为：一个团队能力发挥的最大战斗力，是团队能够击败对手，获得客户信赖的关键，组织能力由员工能力、员工思维模式、员工治理方式构成，是企业建立任职资格体系的源头（图 1-3）。

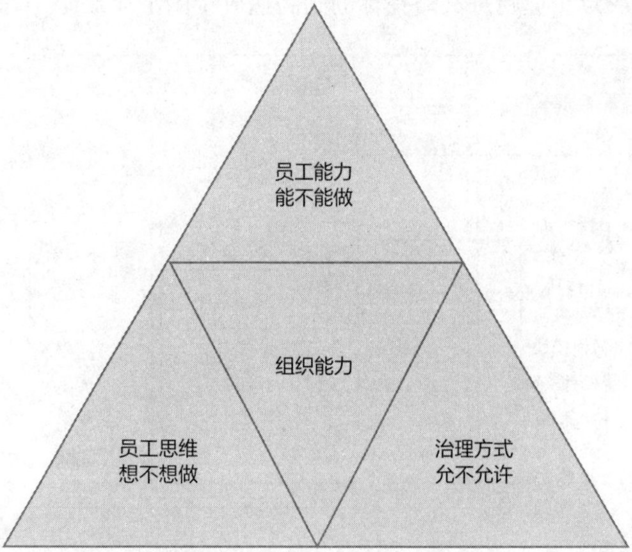

图1-3　组织能力杨三角理论

不论是麦克利兰的冰山素质模型、安托尼特·D. 露西亚、理查兹·莱普辛格提出的胜任力金字塔模型，还是杨国安提出的杨三角理论，在实际操作过程中有些因素是很难量化和测量的，比如说性格特征、动机、情商、智商、逆商等，虽然这些因素实实在在影响最终的工作绩效。

5. 饶征、彭青峰、彭剑茹的任职资格理论

国内著名人力资源专家饶征、彭青峰、彭剑茹在《任职资格与职业化》中提到[1]：任职资格管理是为了实现企业战略目标（包括企业财务指标和非财务指标），根据企业组织（包括业务模式、业务流程和组织结构）的要求，对员工的工作能力（包括知识、经验和技能要求）和工作行为（包括工作活动、行为规范和工作质量等）实施的系统管理。

[1] 饶征，彭青峰，彭剑茹. 任职资格与职业化 [M]. 北京：中国人民大学出版社，2004. 第 20 页 .

在饶征、彭青峰、彭剑茹看来，公司的战略决定业务模式，业务模式决定业务流程，而业务流程又会影响组织结构，同时业务流程也会对员工的工作行为进行规范和约束，但在企业战略实现的过程中，员工则是最基础、最重要的因素，因为员工的工作能力将直接影响员工是否能够做出业务流程需要的工作行为，工作行为又会直接导致企业业务流程是否高效运营，进而影响企业非财务战略指标的达成，最终决定企业财务战略指标的圆满达成（图 1-4）。

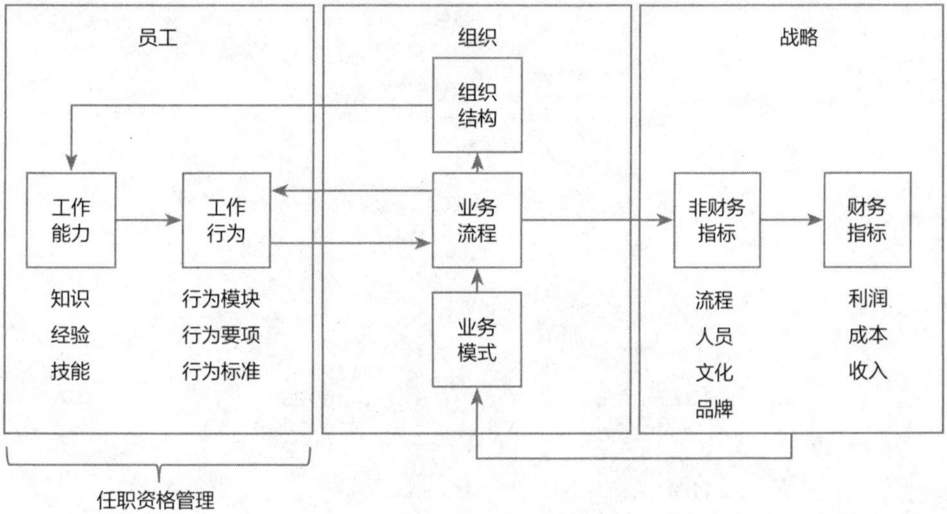

图1-4　任职资格管理的内涵

正是基于以上理论假设，饶征、彭青峰、彭剑茹提出任职资格必须由两部分构成：即工作能力、工作行为。其中，工作能力又分为专业知识、专业经验、专业技能，而工作行为又分为行为模块、行为要项、行为标准。

饶征、彭青峰、彭剑茹认为，任职资格管理将员工的行为管理与员工专业知识和技能相提并论，同时纳入员工能力管理的范畴，极大地丰富了人力资源管理的内涵。同时他们还指出：任职资格管理如此关注工作过程，强调员工工作行为的管理，强调“正确做事”的重要性，这是新的外部环境对人力资源管理提出挑战的结果。

为了确保任职资格在企业的易用、可操作，经过多年的实践和总结，综合“冰山素质模型”“胜任力金字塔模型”“杨三角理论”以及各种胜任力及任职资格理论和实践，我们将任职资格标准分为六部分，分别为基本任职资格（学历、专业、经验）、工作要素、知识要素、能力要素、素养要素、参考项（性格特征、职业取向、动机、兴趣、人格、人生观等），如图 1-5 所示。

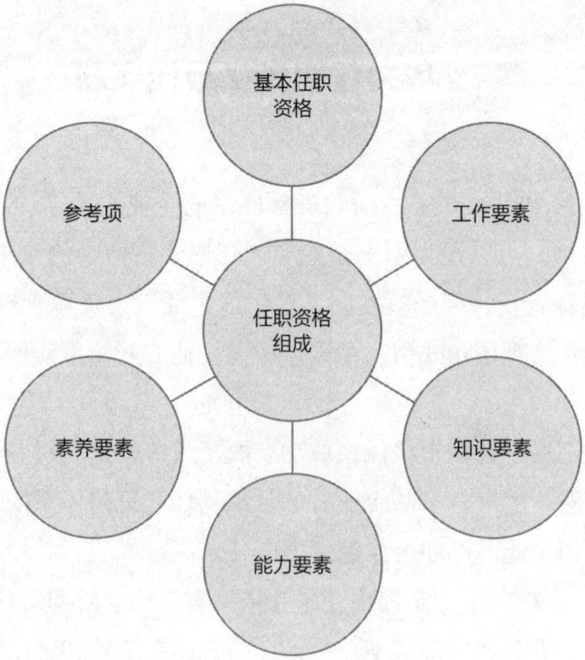

图1-5 任职资格组成

（1）基本任职资格。基本任职资格是指岗位对任职者的最低要求，包括学历、专业、经验、性别、年龄等。关于基本任职资格，本书不作为重点介绍。

（2）工作要素。工作要素是指任职者为了完成岗位赋予的使命所必须履行的工作内容，分为工作要项、工作内容、工作标准。

（3）知识要素。知识要素是指岗位对任职者对特定领域所拥有的各种信息的要求，知识要素分为专业知识、基本知识。

（4）能力要素。能力要素是指岗位对任职者结构化运用知识执行某项有形或无形工作的能力，能力要素分为核心能力、基本能力。

（5）素养要素。素养要素是指岗位对任职者对外部环境及各种信息所表现出来的一贯反应，素养可以预测个人长期在无人监管下的工作状态，素养要素分为核心素养、基本素养。

（6）参考项。参考项是岗位对任职者的特殊要求，这些要求往往很难测量，但可以作为参考项目考量，如性格特征、动机、自我意识、社会角色、智商、情商、逆商等。

二、华为任职资格最佳实践

华为是中国最早引入并实践任职资格体系的企业之一，1998 年《华为基本法》正式颁布实施，可以视为中国企业导入任职资格体系的元年。到 2004 年中国人民大学彭剑锋教授、饶征教授的《基于能力的人力资源管理》《任职资格与职业化》将任职资格理论正式引入中国，中国企业才开始推动任职资格体系的建立和实践。

随着华为内部通过任职资格体系成功解决了人才甄别、培养、发展、激励等人力资源疑难问题，越来越多的企业开始认识到任职资格体系的价值和贡献，任职资格体系在中国企业内部如火如荼地推广开来。

《华为基本法》第六十七条提出“华为依靠自己的宗旨和文化，成就与机会，以及政策和待遇，吸引和招揽天下一流人才。我们在招聘和录用中，注重人的素质、潜能、品格、学历和经验。按照双向选择的原则，在人才使用、培养与发展上，提供客观且对等的承诺”。

《华为基本法》第六十九条提出“我们在报酬与待遇上，坚定不移向优秀员工倾斜。工资分配实行基于能力主义的职能工资制”。

《华为基本法》第七十一条提出“我们不拘泥于资历与级别，按公司组织目标与事业机会的要求，依据制度性甄别程序，对有突出才干和突出贡献者实施破格晋升”。

《华为基本法》第七十三条提出“我们将持续的人力资源开发作为实现人力资源增值目标的重要条件。实行在职培训与脱产培训相结合，自我开发与教育开发相结合的开发形式。为了评价人力资源开发的效果，要建立人力资源开发投入产出评价体系”。

看得出来，华为对人才的要求完全吻合麦克利兰提出的冰山素质模型，而且在员工甄选与招聘、薪酬激励、职位发展、培训教育等方面都与任职资格有着非常密切的联系。

任正非先生在《华为的冬天》一文中指出：“在推行任职资格中肯定会遇到

重重阻力，但这个体系是一定要坚持下去的。那种对人的评价靠感性地评一评、估一估的时代已不能再持续下去了。对人的评价靠蒙一蒙、估一估，定位的准确性是不高的，这对我们今后的发展会造成更大阻力，会挫伤优秀员工的积极性，同时保护了一些落后员工，所以要坚决推行干部任职资格体系。”

由此可见华为对任职资格的认知高度及推行力度。可以这么说，在华为快速发展的历程中，任职资格起到了巨大的作用。

下面，我们从华为推进任职资格体系建设的点滴中管中窥豹：

（1）清晰的“四族六级四等”等级体系。在华为的任职资格体系中，将企业内部所有职位族分为四大职位族，分别为技术职位族、营销职位族、专业职位族和管理职位族；每个职位族的任职资格等级从低到高共分为六级，分别为一级、二级、三级、四级、五级和六级；每一级又分为四等，即从低到高分别为预备等、基础等、普通等、职业等。

（2）规范的“双通道”职业发展体系（图 1-6）。实行“四族六级四等”的同时，华为将任职资格与员工职位发展通路相结合，又设计出来了“双通道”（即管理通道、专业 / 技术通道）职位发展体系，确保每一位员工都能够在公司内部根据自己的职业取向及任职资格等级选择合适的职业发展方向和路径，确保人尽其才。

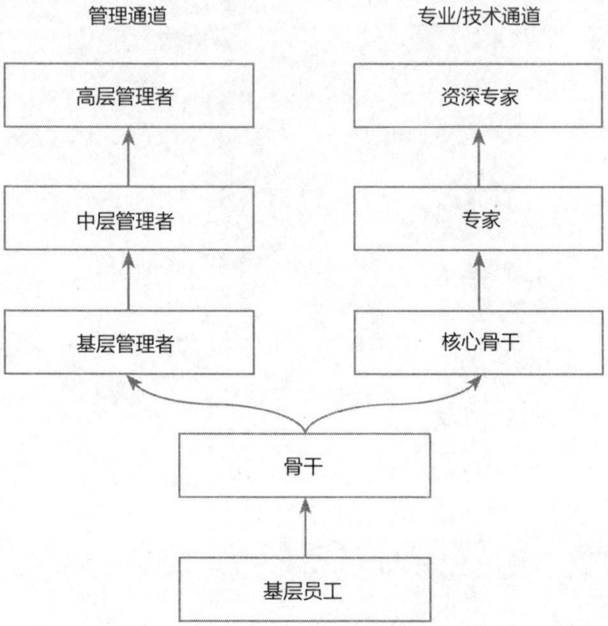

图1-6　华为“双通道”职位发展体系

（3）健全的任职资格标准。华为将任职资格标准分为通用型和专用型两类，其中，通用型任职资格包括成就意识、演绎思维、归纳思维、信息收集、关系建立、团队精神等 18 个通用要项。专用型任职资格项目又按照不同职位族内部的职系进行划分，如技术职位族中技术研发职系任职资格要项包括思维能力、成就导向、团队合作、学习能力、坚韧性、主动性等。

（4）完善的认证与评价体系。从任职资格标准建立、宣贯、培训、评价到认证，华为有一整套完善的管理体系，确保每个人都能享受被评价的权力，也确保对每个人的评价和认证是客观的、公正的、准确的，这是华为任职资格体系能够得到有效落实的前提和基础。

（5）无处不在的应用场景。在华为，无论是在员工招聘、培训、评价，还是激励等方面，我们都能清晰地看到任职资格体系的影子，可以这么说，华为人力资源管理的灵魂就是任职资格体系，这种基于对“人”的管理体系，极大地激发了全体华为人的积极性、能动性和创造性，让每一位员工都能最大化发挥自己的潜能和价值，在帮助企业成功的同时也成就员工自己的职业发展梦想，让员工收获自己想要的东西。

第二部分 PART TWO

任职资格开发与认证

为了促使工作者获得成就感，首先必须让员工具备为自己职务负责的能力。这就要求：富有效率的工作、反馈信息、持续学习。

——彼得·德鲁克

认真负责和管理有效的员工是华为最大的财富。尊重知识、尊重个性、集体奋斗和不迁就有功的员工，是我们事业可持续成长的内在要求。

——《华为基本法》

胜任力就是一个人能够有效地或者出色地完成工作所具有的内在基本特点。

——克莱姆普

招聘并甄选合适的人，将其放在合适的岗位上，让其创造最大的价值。

——本书作者

第二章 职位及职位发展体系规划

一、职位体系规划

二、职族、职系规划

三、职级、职等规划

任何一家企业都会存在不同管理层级、不同职位类别的差异问题，那么在建立任职资格体系的时候如何对职位体系进行梳理，如何对职位族、职系进行分类和规范，又如何按照企业实际对职级、职等进行规划和设计……这些问题都是企业建立任职资格体系前需要梳理和规划清楚的。

一、职位体系规划

战略决定流程，流程决定组织。战略确定企业要做什么，流程解决如何做，而组织需要回答谁来做的问题，组织又包括一级组织结构、二级组织结构。其中，一级组织结构解决企业上到治理层面，下到经营层面部门设置的问题，二级组织结构解决部门内部管理层级、岗位设置、定岗定编以及定员的问题，也是我们通常所说的职位体系规划的问题。

职位体系是企业责任机制的末端，其设计的依据是部门职能，企业在进行组织体系设计的时候需要进行部门二级组织结构设计、部门职能规划及三级职能描述，特别是在二级组织结构设计时虽然已经规划了每个部门具体设置的职位以及每个职位的具体负责的工作，但这些职位设置是否合理？职责是否明确？履行每项职责需要具体哪些条件呢？完成某个职位的工作需要几个人？谁来负责最合适？企业内部有没有这样合适的人？要回答这些问题，企业还需要组织工作分析与说明、工作饱和度分析与定岗、定编以及员工素质评价与定员。

根据我们过去十多年的工作经验，我们将企业职位体系规划分为 3 个步骤：

1. 工作分析与职位说明

前文已经提到，职位体系作为企业责任机制的末端，是企业内部分工是否科学、合理的保障，同时也会直接影响企业运营效率，因此，为了验证职位设置的合理性，企业首先要做的就是工作分析。

工作分析是指对职位涉及各项工作的性质、任务、责任、相互关系以及任职者的知识、技能、素养及其他任职条件进行系统调查和研究分析，以科学系统地描述并做出规范化记录的过程，工作分析可以验证职位设置的合理性，也为编制职位说明书提供依据。

工作分析是一种重要而基础的管理工具，需要将部门三级职能分解到职位上的每一项工作进行系统分析，并清晰回答5个非常重要而基础的问题，这5个问题分别是：

（1）为什么要完成这些工作？

（2）应该如何完成这些工作？

（3）工作将在什么时候完成？

（4）这些工作在哪里完成？

（5）完成这些工作需要哪些条件？

常见的工作分析方法有很多，职位问卷分析法、工作日写实法、测时法、工作抽样法、访谈法、关键事件分析法等，但不论运用何种方法，其目标是一致的，那就是要对每个职位所承担的每项工作都进行详细剖析，确保每项工作是有价值的，对企业的战略实现及日常运营是有帮助的。

正如美国著名学者怀特先生所说："当今企业管理的大部分工作是建立在工作分析这个基础之上的，不可缺少。一个企业的工作分析评价是否科学合理，在很大程度上决定了这个企业的管理水平。"

工作分析的直接结果之一是形成职位说明书，假如我们把企业中的职位当作一种逻辑上的产品，那么工作描述就是这个产品的说明书，也就是说，职位说明书应该首先讲清楚这个产品的"标准"，其次应该讲清楚它的"功能"。

职位说明书是对企业各类职位的工作性质、任务、责任、权限、工作内容和方法、工作环境和工作条件，以及职位名称、编号、层级和该职位基本任职资格、知识要求、能力要求、职业素养、岗位考核项目和标准等做出统一的规定。

一般情况下，职位说明书主要由职位基本信息、使命、职责、发展路径、任职资格构成。

（1）职位基本信息，主要是通过职位名称、编号、职位等级、所属部门、职族类别、直接上级、直接下级、职位编制等，形成职位的基本信息，以便对职位在组织中的位置与类别进行标识。

（2）使命，就是职位在组织中预期的责任和最高追求目标。

（3）职责，主要指该职位需要承接的工作内容，为了更加有利于员工读懂并有效开展工作，我们的做法是将每项职责对应流程、制度、报告及表单模板、工作输出也一并在此交代清楚。

（4）发展路径，是指职位横向轮岗及纵向发展的路径。

（5）任职资格，指为了完成工作，取得好的工作绩效，任职者所需具备的基本要求、经验、知识、能力以及素养等要求。

2. 工作饱和度分析与定编

工作分析的目的是确保每个职位存在的合理性与价值，但究竟每个职位的工作是否饱和？需要配置几个人来完成？要回答清楚这些问题，企业在进行职位体系规划的时候，还需要对每个职位的工作饱和度进行分析，并在此基础上重新验证职位设置的合理性（定岗），确定每个职位的编制（定编）。

工作饱和度是指员工的有效工作时间与规定的劳动时间之间的比较值，一般来说，工作饱和度越高就意味着员工的工作效率越高。

在绝大多数中国企业，员工的工作饱和度是很低的。在过往的研究过程中，我们发现超过 30% 的中国企业员工工作饱和度低于 60%，超过 50% 的中国企业员工工作饱和度介于 60% ～ 75%，这与日本丰田公司研究的结果基本相当。丰田公司认为，在企业内部，随时都有 85% 的人没有开展有效的工作，其中：5% 的人看不出是在工作，25% 的人正在等待，30% 的人为增加库存而工作（由于这类活动对公司没有直接的贡献，因此丰田不认为这些活动为工作），25% 的人正在按照低效的标准或方法工作。

企业在职位说明书中规定了每个职位需要做的事情，但这些事情是不是需要员工每天花费 8 个小时才能完成呢？对于很多职位而言，职位说明书中规定的工作每天可能只需要 7 个小时、5 个小时甚至更短的时间就能完成，剩余的时间就白白浪费掉了，因此，企业在建立了职位说明书体系之后还需要持续不断地跟踪和分析每个职位、每个员工的工作饱和度问题。

根据多年实践，我们将工作饱和度分析的流程归结为以下 4 个步骤：

（1）为每项工作建立工作标准。工作标准是指完成一定工作任务所必须经历的步骤、需要完成的工作及工作输出。建立工作标准的目的在于让工作规范化、模板化。工作标准意味着把职位的每项工作职责的步骤清楚地描绘出来，同时把完成每项工作需要的材料、人力、物力和财力都尽可能有效地计算出来，避免冗余和浪费。

（2）确定劳动定额，计算标准工作时间。劳动定额是指一个训练有素的人员按照工作标准规定完成一定工作所需要的时间。企业把员工需要承接的每项工作都计算出其标准劳动定额，然后根据每项工作的频率可以计算出员工每天的标准工作时间。

（3）根据标准工作时间验证职位设置的合理性，同时确定职位编制。企业在进行组织再造时对每个部门的二级结构（包括职位设置）在很大程度上是凭经验确定的，进行工作饱和度分析后，可以明确判断职位设置是否合理，对工作饱和度很低的职位需要撤销、合并或者再设计。

同时，根据每个职位工作标准时间计算职位编制。根据我们的经验，假设每天上班时间为 8 小时，企业在确定编制的时候，可以按照标准工作时间 7 ～ 7.5 小时确定 1 个编制，当然，不同的企业这个标准可以结合企业自身的实际进行适当调整。

（4）根据定编进行工作再设计。在确定职位编制的过程中不可避免地会出现某个职位的工作如果安排 1 个人来做是超出 8 小时工作时间的，但如果安排 2 个人来做，其中一个人的工作又会不饱和，在这种情况下，企业有几种方法可以通过安排加班、工作扩大化、工作再设计等方法来解决。

3. 员工素质测评与定员

如前文所言，通过工作分析，企业可以确保每个职位设置的合理性，而通过工作饱和度分析又可以保证职位编制的科学性，到现在为止职位体系规划已经解决了职位及编制设置问题，但企业究竟是该选择张三来做，还是李四来做更合适？为什么张三合适？这就要求企业还要解决员工素质测评与定员的问题。

定员就是根据岗位任职资格要求及定编规划，选择最适合的员工从事某岗位的工作。定员要求根据企业当时的业务方向和规模，在一定的时间内和一定的技术条件下，本着精简机构、节约用人，提高工作效率的原则，选择最合适的人员担当某岗位工作。

定员基本操作流程如下：

（1）确定岗位任职标准。工作分析与职位说明过程中我们已经明确了每个职位需要承接的工作职责及完成每项职责需要具备的条件，这是我们做员工素质测评及定员的基础。

（2）基于任职资格的员工测评。根据员工职业取向及职业生涯发展规划，对有意向的员工进行任职资格测评，具体测评工具和方法在本书后续章节做详细介绍，在此不再赘述。

（3）根据评价结果确定人选。根据员工任职资格测评结果，选择有意向而且具备任职条件的员工人选。

（4）定员人选确定及任命。对有意向且符合任职标准的员工进行任命和使用，这是定员的最终目的，也是实现“将合适的人放在合适的位置，让其产生最佳的工作业绩”的人力资源最优配置目的。

二、职族、职系规划

根据前文提到的职位体系规划相关工作内容和方法，每家企业少则会有30～50个职位，多则100～200个职位，甚至更多，这些职位之间存在着千丝万缕的工作关系，而且也存在职位性质相似的情况，这时候就需要对职位进行分类管理，这就是我们通常所讲的职族、职系规划。

1. 职族规划

职族又称职位族，是根据工作内容、任职资格或者对组织的贡献的相似性而划分为同一大类的职位。职位族的划分常常建立在职位分类的基础上，如管理职位族、供应链职位族、市场营销职位族、技术职位族、专业事务职位族、辅助职位族等。

2. 职系规划

职系是对职位族的细化，在同一职位族中，当有些职位需要具备的任职要求或承担的职责相似或相同时，这些职位可以归为同一职系。如在技术职位族可以细分为研发技术职系、品质技术职系、工艺技术职系、设备技术职系、工程技术职系、IT技术职系等，管理职位族可以细分为经营管理职系、职能管理职系、项目管理职系，市场营销职位族可以细分为品牌管理职系、市场管理职系、销售管理职系、客户服务职系，专业事务职位族可以细分为人力资源职系、财务管理职系、行政管理职系、采购管理职系等。

【案例 2-1】深圳信睿科技职位族、职系规划（表 2-1）

表2-1 深圳信睿科技职位族、职系规划

职位族类别	职系类别	职位族/职系定义	典型职位
管理职位族	经营管理职系 职能管理职系 项目管理职系	主管及主管以上，专门从事管理工作的职位	（1）集团总裁、副总裁、总裁助理、部门总监 （2）下属公司总经理/副总、部门经理、主管
营销职位族	品牌管理职系 市场管理职系 销售职系 客户服务职系	专门从事产品直接销售和市场管理的职位	（1）集团营销副总裁 （2）下属公司营销副总经理、营销经理、营销主管、业务员
技术职位族	产品规划职系 产品开发职系 研发品质职系	专门从事产品设计或研发等技术工作的职位	（1）集团技术副总裁、总工程师 （2）下属公司技术副总/总工、技术经理、高级工程师、下属公司技术主管、工程师、助理工程师、技术员
供应链职位族	计划管理职系 采购管理职系 工艺管理职系 品质管理职系	专门从事产品生产制造工作的职位	（1）集团生产副总裁 （2）下属公司生产副总、生产经理、生产主管、生产管理专员
专业事务职位族	人力资源职系 财务管理职系 法务职系	从事各项专业事务性工作的职位，包括人力资源、财务、法律等	（1）集团总经济师、总会计师、专业事务经理、专业事务主管、专业事务专员 （2）下属公司副总经理、专业事务经理、专业事务主管、专业事务专员
辅助职位族	物业职系 安保职系	为公司日常经营活动提供后勤支持的岗位，如物业、食堂、绿化等	（1）集团行政副总裁 （2）下属公司副总经理、辅助经理（物业、安保等）、辅助主管、辅助专员

三、职级、职等规划

同理，除了前文提到的职位族、职系横向区分之外，企业还需要对职位进行纵向规划，这就是我们通常所讲的职级、职等规划。

1. 职级规划

为了便于职位管理，企业通常会把职位分为 A 层级（高管）、B 层级（中层）、C 层级（主管）、D 层级（专员）、E 层级（作业员），有时候也会按照初做者、有经验者、骨干、专家、资深专家或者权威这样的方式对技术研发职位族、专业事务职位族、营销职位族等进行职级规划，但由于管理职位族的特殊性，管理职位族一般会分为 3 个职级，即监督者、管理者、领导者，但有些集团公司也会根据需要将管理职位族分为 5 个职级（图 2–1）。

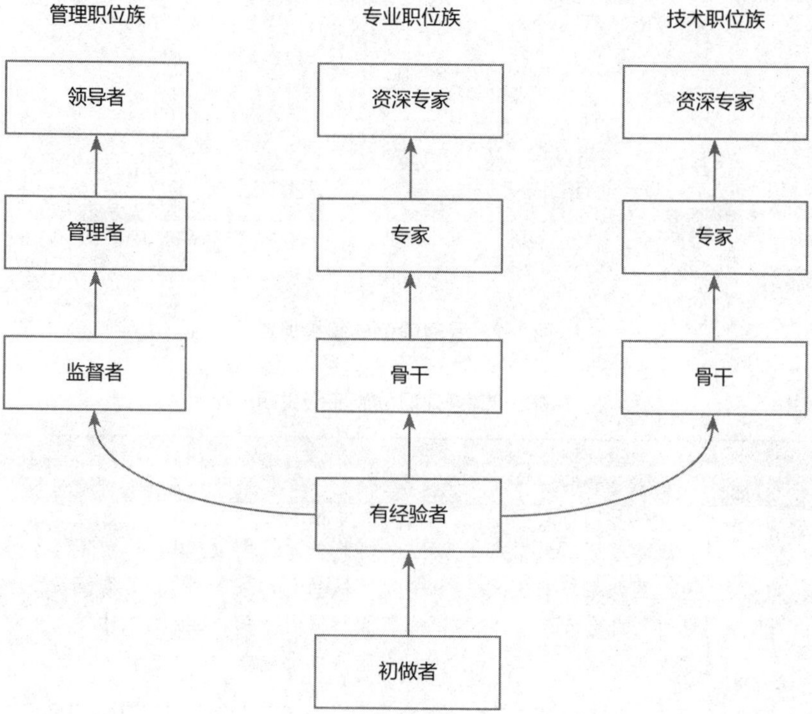

图2–1 职级规划（示意）

（1）管理职位族职级规划。一般情况下，企业的管理职位会分为基层管理、中层管理、高层管理或者监督者、管理者、领导者 3 个等级，但不论是哪个层面的管理职位，从管理对象的角度来看，都会存在管事、管人、管组织等 3 个维度，俗称“管理三叶草”（图 2–2、表 2–2 所示）所示。其中：

管事，从低到高可以分为计划管理、目标管理、战略管理。

管人，从低到高可以分为团队管理、人才选拔、人才机制。

管组织，从低到高可以分为组织执行、组织优化、组织再造。

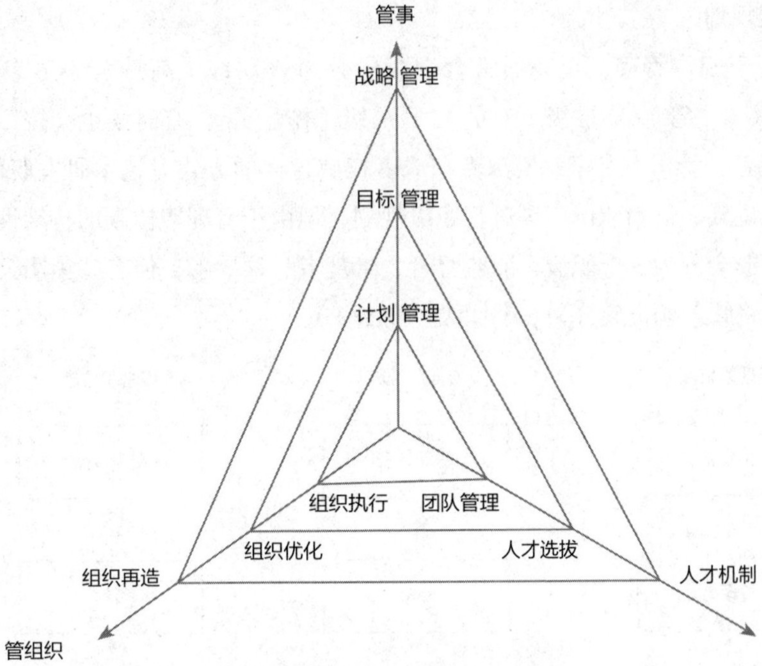

图2-2 管理职位族职级规划

表2-2 管理职位族职级说明

职级维度	领导者	管理者	监督者
管事	战略管理：根据内外部环境，明确组织发展战略，并通过资源合理配置，完成组织战略	目标管理：需要确定团队目标，并能够将目标进行分解，组织团队成员完成	计划管理：按照既定的工作任务目标，编制工作计划，并带领团队成员按计划完成任务
管人	人才机制：帮助企业建立"公平、合理"的人才选、用、育、留机制	人才选拔：能够根据团队成员的特长及喜好建立团队内部的选拔机制	团队管理：带领一个团队完成工作，并能够对每个团队成员进行必要的激励
管组织	组织再造：需要打破既定的组织运行规则，建立全新的运营流程和制度体系	组织优化：需要不断优化和完善组织既定的运营规则，提升运行效率	组织执行：组织运营程序明确，只需要按既定的流程执行便可完成任务

（2）技术及专业职位族职级规划。技术及专业职位族（如技术职位族、营销职位族、专业事务职位族、辅助职位族等）职级的规划来自两个维度，即技术及专业的广度、技术及专业的深度，又称“技术及专业二元矩阵”。如图 2-3 所示。

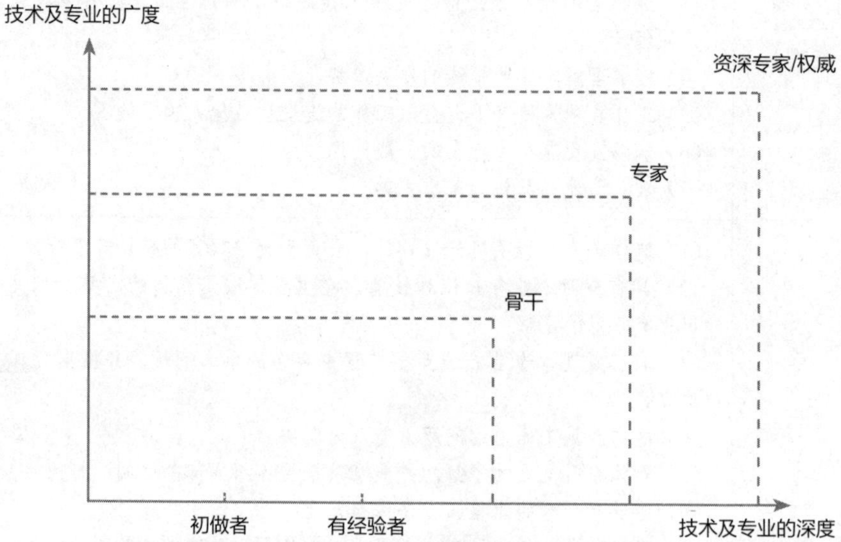

图2-3 技术及专业职位族职级规划的两个维度

从上图可以看出，对于初做者和有经验者而言，这些职位的工作只是沿着一定工作量的深度有递进的要求，但从骨干开始，包括专家、资深专家 / 权威，除了有深度的要求，同时还有对技术及专业广度的要求（表 2-3）。

表2-3 技术及专业职位族职级说明

级别	基本特征
初做者	（1）能够做好被安排的一般性工作 （2）能够根据基本的工作准则和要求完成有限范围内的工作任务 （3）能够运用在培训和学习中学到的专业知识和流程 （4）在本专业领域有较少的工作经验，但这种经验是不够全面的，不能为独立开展工作提供支持 （5）对整个体系还只是局部的理解，对体系之间的相互关系还不能完全把握 （6）只能在指导下从事一些单一的、局部的工作

续表

级别	基本特征
有经验者	（1）具有必要的基础知识、技能，这些知识和技能集中于本专业的某一个领域 （2）能够运用现有的程序和方法解决问题，但这种问题不需要进行深入分析 （3）在适当的指导下，能够完成工作，对于例行性工作，有多次独立完成工作的经验 （4）能够理解本专业领域的发展趋势 （5）工作在他人监督下进行，工作的进度也是他人确定的 （6）能够发现流程中存在的一般问题 （7）被认为业务实施的基层主体
骨干	（1）能够负责小型项目开发设计，或负责大中项目的模块开发设计 （2）具有全面的业务知识和技能，在主要领域是精通的，并对相关领域的知识也有一定的了解 （3）能够发现本专业领域业务流程中存在的重大问题，并提出合理有效的解决方案 （4）能够预见工作中的问题并能及时解决 （5）对体系有全面的了解，并能准确把握各组成部分之间的相关性 （6）能够对现有的流程、方法进行优化 （7）可以独立、熟练地完成大多数工作任务，并能够有效指导他人工作 （8）被视为是本领域内经验丰富的骨干力量
专家	（1）精通本专业领域内的所有知识、技能 （2）对本专业领域内的流程有全面深刻的理解，能够洞察其深层次的问题并给出相应的解决方案 （3）能够以缜密地分析在专业领域给他人施加有效影响，从而推动和实施本专业领域内的重大变革 （4）对于本专业领域内复杂的、重大的问题，能够通过改革现有的程序和方法加以解决 （5）可以指导本专业领域的一个子系统有效运行 （6）能够把握本专业的发展趋势，并保证本专业领域的规划与发展趋势相吻合
资深专家/权威	（1）具有博大精深的专业知识和技能 （2）本专业领域内业务流程的建立者或重大流程变革的发起者 （3）可以指导整个体系的有效运行 （4）能够洞悉和把握本专业领域的发展趋势，并提出有前瞻性的变革思路 （5）被视为本专业领域理论、技术、技巧等方面的工人专家 （6）意见代表了企业在这个领域的最高认知

2. 职等规划

在进行任职资格通道设计的过程中，除了进行职级的设计，还需要进行职等的规划，通常情况下，每个职级可以分为预备等、基础等、普通等和职业等 4 个等级，每个职等代表任职资格的综合技能水平和与该职级的匹配程度（表 2-4）。

表2-4 职等定义表

职等	定义
预备等	（1）关键任职资格标准部分不达标，或者 1/3 以上普通项不达标 （2）未通过必备的知识考核和技能测评 （3）基本不胜任主要工作要求，很多方面均需要提升 （4）品德和基本素质不能满足现职要求
基础等	（1）关键标准项部分不达标，并且少部分普通标准项也不能达标 （2）通过必备的知识考核和技能测评 （3）基本能够胜任主要工作要求，很多地方需要改进 （4）品德良好，素质基本能够满足现职需要
普通等	（1）关键标准项均达标，少数普通标准项不达标 （2）通过必备的知识考核和技能测评 （3）完全能够胜任主要的工作要求，但在某些方面需要提升和改进 （4）品德良好，素质能够充分满足现职要求
职业等	（1）所有标准项均达标 （2）通过必备的知识考试和技能测评 （3）在各方面均表现出色，工作绩效显著 （4）品德良好，素质能够充分满足现职及发展需要

【案例 2-2】深圳信睿科技职级、职等规划（表 2-5）

表2-5　深圳信睿科技职级、职等规划

职位族类别	职级/职等																				典型职位
	五级				四级				三级				二级				一级				
	职业等	普通等	基础等	预备等	职业等	普通等	基础等	预备等	职业等	普通等	基础等	预备等	职业等	普通等	基础等	预备等	职业等	普通等	基础等	预备等	
管理职位族	√	√	√	√																	集团总裁、副总裁、总裁助理
					√	√	√	√													下属公司总经理、副总
									√	√	√	√									集团部门总监
													√	√	√	√					下属公司部门经理
																	√	√	√	√	主管
营销职位族	√	√	√	√																	集团营销副总裁
					√	√	√	√													下属公司营销副总经理
									√	√	√	√									下属公司营销经理
													√	√	√	√					下属公司营销主管
																	√	√	√	√	下属公司业务员

续表

职位族类别	职级/职等																				典型职位
	五级				四级				三级				二级				一级				
	职业等	普通等	基础等	预备等	职业等	普通等	基础等	预备等	职业等	普通等	基础等	预备等	职业等	普通等	基础等	预备等	职业等	普通等	基础等	预备等	
技术职位族	√	√	√	√																	集团技术副总裁、总工程师
					√	√	√	√													下属公司技术副总/总工
									√	√	√	√									下属公司技术经理、高级工程师
													√	√	√	√					下属公司技术主管、工程师
																	√	√	√	√	下属公司助理工程师、技术员
供应链职位族	√	√	√	√																	集团生产副总裁
					√	√	√	√													下属公司生产副总
									√	√	√	√									下属公司生产经理
													√	√	√	√					下属公司生产主管
																	√	√	√	√	下属公司生产专员

续表

职位族类别	职级/职等																				典型职位
	五级				四级				三级				二级				一级				
	职业等	普通等	基础等	预备等	职业等	普通等	基础等	预备等	职业等	普通等	基础等	预备等	职业等	普通等	基础等	预备等	职业等	普通等	基础等	预备等	
专业事务职位族	√	√	√	√																	集团总经济师、总会计师
					√	√	√	√													下属公司副总经理
									√	√	√	√									专业事务经理
													√	√	√	√					专业事务主管
																	√	√	√	√	专业事务专员
辅助职位族	√	√	√	√																	集团行政副总裁
					√	√	√	√													下属公司副总经理
									√	√	√	√									辅助经理（物业、安保等）
													√	√	√	√					辅助主管（物业、安保等）
																	√	√	√	√	辅助专员（物业、安保等）

第三章 工作要素开发

一、工作要素构成

二、工作要素开发的基本方法

三、工作要素开发

工作要素是任职资格体系开发的起点，因为任何职位在企业内部都需要承接相应的工作职责。工作要素在有些公司也称为行为标准，是对任职者为了有效履行职责而必须付诸实践的工作项目及标准的描述，比如管理职位族必须从管事、管人、管组织 3 个维度实施管理工作，而管事、管人、管组织又可以细分为若干项具体的工作项目及标准；同样，对于销售职位族的工作要素可以分为信息收集、渠道开发、客户开发、销售执行、销售回款、客户关系管理、客户档案管理等；对于技术职位族的工作要素可以分为理解市场、洞察需求、产品规划、产品开发、产品小试、中试与量产、生命周期管理、知识产权管理等。

一、工作要素构成

工作要素决定了不同职位族、职系、职级所必须履行的工作项目，是识别所需知识、能力、素养等要素的必要条件。

工作要素通常由 3 部分构成，即工作要项、工作内容、工作标准。

（1）工作要项，是根据“二八原则”对影响特定职位族或职系绩效的关键工作进行甄选和识别，是对特定职位族或职系工作内容的高度概括和总结。

（2）工作内容，是对工作要项的细化说明，工作内容的描述需要简明扼要，让任职资格一目了然。另外，工作内容也是确保任职者高绩效的关键。

（3）工作标准，是任职者完成某一项特定工作内容需要达到的工作质量标准或者行为标准，工作标准可能是明确的时间或里程碑要求，也可能是相关文件指引，还可能是对高绩效标准的描述。根据企业需要，工作标准可以细化为工作目标、工作标准、文件指引、相关表单等来表述。

【案例 3-1】深圳信睿科技技术职位族产品设计职系、营销职位族工作要素（表 3-1、表 3-2）

表3-1　深圳信睿科技技术职位族产品设计职系工作要素

工作要项		工作内容	工作标准	职级				
				一级	二级	三级	四级	五级
1. 信息收集与分析	1.1 信息收集	1.1.1 收集研发技术信息及流行趋势	略	√				
		1.1.2 市场、竞争对手及客户技术信息收集	略	√				
		1.1.3 各类技术信息整理、归类	略		√			
	1.2 信息分析	1.2.1 研发设计类信息的初步分析	略			√		
		1.2.2 研发设计类信息管理	略			√		
	1.3 信息总结	1.3.1 研发设计类信息的讨论分析	略				√	
		1.3.2 研发设计类信息的总结和指导应用	略					√
2. 产品设计	2.1 设计立项	2.1.1 立项沟通	略			√		
		2.1.2 立项审定	略					√
		2.1.3 设计项目组织实施	略				√	
	2.2 产品设计	2.2.1 产品设计基础知识	略	√				
		2.2.2 图案处理	略		√			
		2.2.3 图案设计	略			√		
		2.2.4 创意表现	略			√		
		2.2.5 品牌阐述	略				√	
		2.2.6 色彩设计	略					√
	2.3 产品设计评审	2.3.1 组织评审	略				√	
		2.3.2 成果审核	略					√
		2.3.3 指导修正	略					√
	2.4 设计成果跟踪	2.4.1 研发设计成果日常跟踪	略			√		
		2.4.2 研发设计成果的问题处理	略				√	
		2.4.3 研发设计成果的危机公关	略					√

续表

工作要项		工作内容	工作标准	职级				
				一级	二级	三级	四级	五级
2. 产品设计	2.5 工艺设计	2.5.1 工艺设计	略		√			
		2.5.2 工艺优化	略			√		
		2.5.3 设计效果实现	略				√	
		2.5.4 工艺设计技术成果提炼及传播	略					√
3. 样品制作	3.1 指导	3.1.1 制作时的一般性技术指导	略			√		
		3.1.2 重大性工艺技术难题攻破	略				√	
	3.2 问题解决	3.2.1 问题收集	略		√			
		3.2.2 解决方案制订	略					√
4. 知识管理	4.1 资料管理	4.1.1 设计资料及成果整理、归档	略		√			
		4.1.2 设计资料及成果管理	略			√		
	4.2 经验总结	4.2.1 设计资料及成果总结	略				√	
		4.2.2 设计经验积累	略				√	
	4.3 经验传授	4.3.1 知识价值提炼	略					√
		4.3.2 知识价值传播	略					√

表3-2　深圳信睿科技销售职位族工作要素

工作要项		工作内容	工作标准	职级				
				一级	二级	三级	四级	五级
1. 资源	1.1 信息收集及整理	1.1.1 市场、竞争对手及客户信息收集	略	√				
		1.1.2 市场、竞争对手及客户信息整理	略		√			
	1.2 信息初步分析	1.2.1 市场、竞争对手和客户信息初步分析	略			√		
		1.2.2 客户信息管理	略			√		
		1.2.3 信息提报	略			√		
	1.3 信息分析策略制定	1.3.1 信息分析	略				√	
		1.3.2 策略制定	略					√

续表

工作要项		工作内容	工作标准	职级				
				一级	二级	三级	四级	五级
2. 销售	2.1 销售执行	2.1.1 了解产品的相关知识	略	√				
		2.1.2 熟悉公司业务流程和销售政策	略		√			
		2.1.3 客户联系和跟进	略		√			
		2.1.4 销售进程推进	略			√		
	2.2 销售管理	2.2.1 销售流程优化	略				√	
		2.2.2 销售业务管理	略				√	
		2.2.3 销售政策制定	略					√
	2.3 销售监控	2.3.1 销售业务指导	略			√		
		2.3.2 销售业务监控	略				√	
		2.3.3 销售业务改进	略					√
3. 客户服务	3.1 传递公司良好形象	3.1.1 建立有效联系	略	√				
		3.1.2 恰当回应客户	略	√				
		3.1.3 客户信息交流	略	√				
	3.2 客户关系维护	客户日常问题解决	略		√			
	3.3 客户关系建立、拓展及改善	3.3.1 潜在客户挖掘	略			√		
		3.3.2 客户关系建立及改善	略				√	
		3.3.3 客户重大投诉解决	略				√	
	3.4 客服体系建立	3.4.1 客户服务体系和服务标准构建	略					√
		3.4.2 客户服务体系运行监控	略				√	
		3.4.3 客户服务体系改善	略					√
4. 公关渠道	4.1 公关渠道维护	4.1.1 现有公关渠道维护	略			√		
		4.1.2 公关渠道监控	略				√	
	4.2 公关渠道建立	4.2.1 潜在公关渠道挖掘	略			√		
		4.2.2 新公关渠道建立	略				√	
	4.3 公关渠道规划与支持	4.3.1 公关渠道规划	略					√
		4.3.2 公关渠道管理	略					√

续表

工作要项		工作内容	工作标准	职级				
				一级	二级	三级	四级	五级
5. 市场	5.1 市场推广	市场推广及公关策略制定	略				√	
	5.2 市场规划	5.2.1 市场规划的制定与实施	略					√
		5.2.2 市场环境的营造	略					√
		5.2.3 市场运作	略				√	
6. 支持	6.1 订单支持	6.1.1 订单跟进	略		√			
		6.1.2 生产计划协调	略		√			
		6.1.3 产品质量问题解决	略			√		
	6.2 品牌支持	6.2.1 品牌信息收集	略		√			
		6.2.2 品牌信息初步分析及提报	略			√		
		6.2.3 品牌调研分析	略				√	
	6.3 研发支持	6.3.1 客户需求和偏好信息收集	略			√		
		6.3.2 产品及客户需求和偏好分析	略				√	
		6.3.3 新产品立项建议	略				√	

二、工作要素开发的基本方法

如表 3-1、表 3-2 所示，工作要素主要由工作要项、工作内容、工作标准构成，根据我们多年的经验，工作要素开发常用的方法有：

（1）行为事件访谈法（BEI，Behavioral Event Interview）。行为事件访谈法的应用领域非常广泛，它的基本原理是通过对绩效良好者与绩效平庸者之间的关键行为进行访谈、编码和统计，获得两者之间具有显著性差异的行为，并将这些行为转化为某一职位的工作要项、工作内容及工作标准。

行为事件访谈法核心步骤包括明确绩优标准、选定候选人、行为事件信息收集、访谈资料编码与统计、工作要项识别与定义。

（2）经验萃取法。经验萃取法的具体做法与行为事件访谈法有点类似，不同之处就是通过对某个职位过去成功的做法，如工作方法、工作流程、标准文档、工作痕迹等进行分析和萃取，提炼出每个岗位成功的关键工作内容。

（3）典型工作任务分析法。每份职位说明书中规定的职责虽然都是需要该职位从业者履行，但这些工作任务对绩效的影响度是不同的，典型工作任务分析法具体做法就是要总结和发现影响该职位绩效做关键的工作任务，并将这些工作任务进行标准化，要求所有人都以此为标准开展工作。

三、工作要素开发

工作要素开发的起点是职位说明书，对于管理职位族而言还要结合“管理三叶草”，对于技术及专业职位族而言还要结合“技术及专业二元矩阵”，具体做法如下：

（1）工作内容描述。根据部门职能分解及职位职责对职位需要履行的每项工作内容进行详细描述，描述尽可能详尽。根据我们的经验，为了确保工作内容描述准确、完善，最好分成 2 ～ 3 个小组进行为好。

（2）工作内容分析。对各小组分别描述的工作内容进行合并同类项，并从工作难度、工作重要性及工作频率三个维度进行各自评分，单项工作任务满分为 5 分，工作难度、工作重要性及工作频率的权重分别为 30%、50%、20%。

（3）关键工作内容甄别，确定工作要项。根据每项工作内容评分及工作难度、工作重要性、工作频率权重，对每项工作内容评分结果进行加权计算合计，并按照加权合计从高到低进行排序，找出影响该职位族或者职系绩效的工作要项，根据我们的经验，工作要项选定在 6 ～ 8 项为宜。

（4）关键工作内容说明，建立工作标准。根据工作要项甄选结果，结合绩优者的行为对每项关键工作内容进行详细说明，形成工作标准。

【案例 3-2】深圳信睿科技质量检验职系工作要素开发全过程展示

为了让读者清晰理解工作要素开发的全过程，我们以信睿科技质量检验职系为例详细说明。

1. 质量检验职系工作内容描述（表 3-3）

表3-3　质量检验职系工作内容描述（分3组）

组别	序号	工作内容描述
第一组	1	报检受理，合适提供的资料，核对物料、名称、型号
	2	计量器具的选择（校准）、日常维护、保养
	3	根据作业指导书、抽样标准进行检验，根据产品特性、技术标准进行检验
	4	制定产品的合格与不合格并做记录
	5	对不合格品评审、跟踪、处置
	6	不良品信息及时汇报领导及相关人员
	7	做好日常检验记录并保存
	8	对后续工序反馈问题、汇总、分析、解决
	9	对库存产品不定期进行二次抽检
	10	做好产品首检、巡检、转工序检、完工检并盖章确认，做好相关记录并及时提交
	11	对返工、返修品进行复检、判定
	12	对特殊产品进行重点检验
	13	对车间的工装进行定期检验，确保合格

续表

组别	序号	工作内容描述
第一组	14	对一线员工违反工作操作规程的行为反馈车间领导
	15	对客户提出特殊要求进行出厂确认
	16	对出厂前产品外观、包装机相关备品备件齐套性确认
	17	对“三包”退回产品重新验收，做好合格与不合格品分离
第二组	1	正确保养使用量具，保证量具精确性
	2	做好质量记录，保证记录的真实性
	3	每天完成日常巡检、首检、完工检
	4	发现外协件有质量问题，及时通知外协厂家处理及反馈信息
	5	在检验过程中，发现图纸存在不合理或错误时，及时联系技术，保证图纸正确
	6	在生产过程中发现质量问题及时通知生产部门，并及时做好标识、隔离、评审和跟踪
	7	发现质量问题，分析、收集相关数据，提供改善方案
	8	检测工装夹具
	9	巡检时要检查工艺参数，工艺是否合理
	10	配合技术对新品的检测
第三组	1	根据报检单核对型号、数量及外观检验
	2	根据图纸准备计量器具，同时核对计量器具

续表

组别	序号	工作内容描述
第三组	3	按抽样规程抽取样品并测量
	4	按要求填写检验记录
	5	合格品盖章，在报检单上填写相应数量
	6	不合格品采用专用标识卡标注并隔离
	7	新厂家、新产品的检验
	8	工艺纪律检查（工装、加工工艺、计量器具等）
	9	不良品的标识、隔离、处置
	10	返工返修零部件进行再次检验
	11	对质量文件进行核实（工艺流转单、流转卡等）
	12	装配过程的检查，整机测试
	13	随机文件、包装质量的检查
	14	装车情况的监督
	15	按售后单进行相应检测，出具报告
	16	汇总质量问题、分析原因后横向展开
	17	改进检验方法，提出优化点
	18	采用“传帮带”的形式传递工作经验，提高合格率

从表 3-3 可以看到，每个小组对质量检验职系工作内容的描述是不同的，有多有少，第一组有 17 条，第二组 10 条，第三组 18 条，而且描述的维度和颗粒度是存在巨大差异，这充分说明了该企业目前的状况，由于每个人对质量检验职系工作理解不同，相应地在选择和培养质量检验人员的过程中就会存在巨大的偏差。

2. 质量检验职系工作内容分析（表 3-4）

在各小组对质量检验职系工作内容描述的基础上合并同类项，最终总结出 9 项工作要项、34 项工作内容。另外，组织三个小组对每项工作内容从工作难度、工作重要性及工作频率三个维度进行了评分。

表3-4 质量检验职系工作内容分析

序号	工作要项	工作内容	工作难度（30%）	工作重要性（50%）	工作频率（20%）	综合得分
1	品质检验	来料检验	1.67	3.00	3.00	2.60
2		过程检验	2.00	3.00	3.00	2.70
3		出厂检验	1.67	3.00	3.00	2.60
4		客户现场检验服务	2.67	3.00	1.00	2.50
5		成品退货检验	1.67	2.33	1.67	2.00
6		产品审核检验	3.00	2.67	1.00	2.43
7		入库件的二次抽检	2.33	2.33	1.33	2.13
8		供应商现场检验、工艺确认	3.00	3.00	1.00	2.60
9		国家强制类产品要求检验确认	2.33	3.00	2.00	2.60
10		新品试制检验	3.00	3.00	1.00	2.60
11		新供应商试样件检验、跟踪检测和问题反馈、处理	3.00	3.00	1.00	2.60
12		工装、模具检验	2.00	3.00	2.00	2.50
13	检验记录	质量记录填写、汇报、保管、归档	1.00	3.00	3.00	2.40
14	信息反馈	不合格品信息反馈：来料不合格信息反馈	1.00	3.00	3.00	2.40
15		不合格品信息反馈：生产过程中不合格及质量异常信息反馈	1.00	3.00	3.00	2.40
16		不合格品信息反馈：客诉信息反馈	2.33	3.00	2.00	2.60

续表

序号	工作要项	工作内容	工作难度（30%）	工作重要性（50%）	工作频率（20%）	综合得分
17	信息反馈	不合格品信息反馈：不合格退货信息反馈	1.00	2.33	2.67	2.00
18		新品试制信息反馈	2.00	2.67	1.67	2.27
19		纠正预防措施实施信息反馈	2.67	3.00	2.00	2.70
20		各类质量问题及相关信息的收集、汇报	1.00	2.67	3.00	2.23
21	不合格控制	不合格品标识、隔离、评审和跟踪处理	1.00	2.67	2.67	2.17
22		不合格品临时应急处置	2.67	3.00	2.00	2.70
23	工艺控制	工艺控制点控制	2.67	3.00	1.67	2.63
24		工艺纪律符合性监控	3.00	3.00	2.00	2.80
25	作业指导	指导新进员工（操作工）应知应会培训	2.00	2.67	1.67	2.27
26		指导新进员工（检验员）的技能提高	2.33	3.00	1.67	2.53
27		工艺、工装适用性核定	3.00	3.00	1.67	2.73
28	检规应对	识别质量特性	2.33	3.00	1.67	2.53
29		转换检验方法	3.00	2.67	1.00	2.43
30	质量改善	参与现场改善方案、计划、实施	2.67	3.00	1.33	2.57
31		改善跟踪效果确认	2.00	3.00	1.33	2.37
32		提出优化点，持续改进检验方法	2.67	2.67	1.00	2.33
33	计量管理	自用检具维护、保养	1.33	3.00	3.00	2.50
34		操作工量检具的精度确认	1.33	3.00	2.00	2.30

3. 质量检验职系工作要项甄别

根据表 3-4 每项工作内容综合得分排序，甄别出质量检验职系的 5 项工作要项、8 项工作内容，如表 3-5 所示。

表3-5 质量检验职系工作要项甄别

序号	工作要项	工作内容	工作难度（30%）	工作重要性（50%）	工作频率（20%）	综合得分
1	工艺控制	工艺纪律符合性监控	3	3	2	2.8
		工艺控制点控制	2.67	3	1.67	2.63
2	作业指导	工艺、工装适用性核定	3	3	1.67	2.73
3	品质检验	过程检验	2	3	3	2.7
		来料检验	1.67	3	3	2.6
		出厂检验	1.67	3	3	2.6
4	信息反馈	纠正预防措施实施信息反馈	2.67	3	2	2.7
5	不合格控制	不合格临时应急处置	2.67	3	2	2.7

4. 质量检验职系工作标准说明（表 3-6）

表3-6 质量检验职系关键工作标准

序号	工作要项	工作内容	工作标准			
			目标描述	工作要求	参考文件	相关表单
1	工艺控制	工艺纪律符合性监控	（1）控制范围=100% （2）符合性=100% （3）不符合工艺文件引起的批量事故=0 次	（1）全面实施控制点 （2）控制点中的控制项目与工艺文件一致	（1）工艺流程 （2）作业指导书	信息联络单

续表

序号	工作要项	工作内容	工作标准			
			目标描述	工作要求	参考文件	相关表单
1	工艺控制	工艺控制点控制	（1）识别率＝100% （2）识别准确率＝100% （3）控制范围＝100% （4）符合性＝100% （5）不符合工艺文件引起的批量事故＝0次	（1）能全面识别加工过程关键控制点 （2）能准确识别加工过程关键控制点 （3）全面实施已有控制点和识别控制点 （4）控制点中的控制项目与工艺文件一致	（1）技术标准 （2）产品图纸 （3）工艺文件	（1）检验记录表 （2）纠正预防措施单 （3）信息联络单
2	作业指导	工艺、工装适用性核定	（1）工艺、工装适用性核定范围＝100% （2）工艺、工装不适用导致批量事故＝0次	（1）检查工艺的符合、实用性 （2）检查工装的符合、实用性 （3）检查检具的符合、实用性	（1）工装图纸 （2）工艺文件 （3）检具图纸	信息联络单

续表

序号	工作要项	工作内容	工作标准			
			目标描述	工作要求	参考文件	相关表单
3	品质检验	过程检验	（1）检验任务完成时效性＝100% （2）过程检验差错率＜1.5% （3）不良率＜1.44% （4）违规检验＝0次 （5）服务投诉（检验员原因）＝0次	（1）首检巡检在10分钟之内开始检验，接到通知转工序检在10分钟之内开始检验，出具检验记录 （2）严格执行检验规范 （3）不合格处理参考《不合格控制流程》 （4）服务态度（坚持原则、公平公正，明确不良信息、明确不良处理结果）	（1）产品抽样规定 （2）产品技术图纸、技术规范 （3）行业标准、企业标准 （4）检验指导书 （5）过程检验规范 （6）过程检验制度 （7）不合格控制流程 （8）记录控制程序	（1）生产工作表 （2）检验记录表 （3）不合格品评审处置单 （4）废料单 （5）不良通知单 （6）工序流转卡
		来料检验	（1）检验任务完成时效性＝100% （2）来料检验差错率＜1.5% （3）料废率＜1.44% （4）违规检验＝0次 （5）服务投诉（检验员原因）＝0次	（1）来料在3小时之内完成检验，出具检验报告 （2）严格执行检验规范 （3）不合格处理参考《不合格控制流程》 （4）服务态度（坚持原则、公平公正，明确不良信息、明确不良处理结果）	（1）产品抽样规定 （2）产品技术图纸、技术规范 （3）行业标准、企业标准 （4）检验指导书 （5）来料检验规范 （6）来料检验制度 （7）不合格控制流程 （8）记录控制程序	（1）外购入库单 （2）进货检验记录 （3）不合格品评审处置单 （4）料废单 （5）出门证 （6）不良通知单

续表

序号	工作要项	工作内容	工作标准			
			目标描述	工作要求	参考文件	相关表单
3	品质检验	出厂检验	（1）检验任务完成时效性＝100% （2）出厂检验差错率＜0.1%（尺寸类） （3）出厂检验差错率＜1%（目测类） （4）违规检验＝0次 （5）服务投诉（检验员原因）＝0次	（1）出厂在接到通知10分钟之内开始检验，出具检验报告 （2）严格执行检验规范 （3）服务态度（坚持原则、公平公正，明确不良信息、明确不良处理结果）	（1）产品抽样规定 （2）产品技术图纸、技术规范 （3）行业标准、企业标准 （4）检验指导书 （5）出厂检验规范 （6）出厂检验制度 （7）不合格控制流程 （8）记录控制程序	（1）出厂检验记录 （2）产品最终检验报告 （3）不合格品评审处置单 （4）不良通知单
4	信息反馈	纠正预防措施实施信息反馈	（1）信息反馈时效性＝100% （2）信息反馈准确性＝100% （3）服务投诉（检验员原因）＝0次	（1）在1小时内完成纠正预防措施实施信息反馈 （2）能准确反应纠正预防措施实施情况和效果信息 （3）服务态度：诚信正直、客观公正	（1）纠正和预防措施控制程序 （2）检验指导书 （3）工艺文件	（1）不合格品评审处置单 （2）纠正预防措施单 （3）检验记录表
5	不合格控制	不合格临时应急处置	（1）时效性＝100% （2）准确性＝100% （3）服务投诉＝0次	（1）不合格时效要求内完成应急处置措施 （2）应急措施匹配性 （3）服务要求：公平公正，诚信	不合格、纠正预防措施控制程序	（1）不合格品评审单 （2）纠正预防措施单

第四章 知识要素开发

一、知识要素开发

二、知识要素词典

员工自己的知识结构和知识水平在很大程度上决定了员工能否具有较高的工作技能。知识可以分为基本知识、专业知识，基本知识是指企业所处行业、企业产品（服务）、企业文化、企业相关流程（制度）相关的知识，这些知识全体员工都必须具备，而专业知识则需要根据不同职位族或者职系所承担的职责（角色、目标）单独识别，在企业，无论是基本知识还是专业知识，其来源只有一个，那就是企业的发展战略。

一、知识要素开发

根据多年实操经验，我们将知识要素的开发分为 4 个步骤，分别为：

1. 战略解码

发展战略决定了企业的核心价值链，而企业想要把价值链中的这些核心业务及职能有效运作起来还需要具备相应的知识。企业发展战略通常包括使命愿景、战略目标、业务战略、职能战略、核心能力，如图 4-1 所示，其中业务战略、职能战略决定了企业的核心业务及管理职能，因此，知识要素开发的第一步就是要对企业的战略进行解码，让每个职位族、职系都清楚公司的战略意图及所需要的知识项目。

2. 绘制业务蓝图

为了更加清晰地规划出实施战略究竟需要哪些知识要素，建议企业绘制业务蓝图。业务蓝图是根据公司发展战略对现在以及未来的业务流、信息流、资金流、物流及价值实现进行的全过程描述，正因为如此，企业可以通过业务蓝图直观地识别需要的所有知识项目。

业务蓝图由 4 部分构成：

（1）发展战略及经营计划。这部分内容是为企业指明发展方向，优化商业模式，明确经营目标，并建立完善的目标实现计划体系。

（2）企业经营衡量。这部分内容从 3 个维度衡量企业经营状况，即经营健康度指标、经营过程指标及经营结果指标。

（3）企业核心业务。与价值链模型中的基本活动类似，业务蓝图中的这部分内容需要详细列出企业从挖掘客户需求，到产品研发、获取订单、订单交付、客

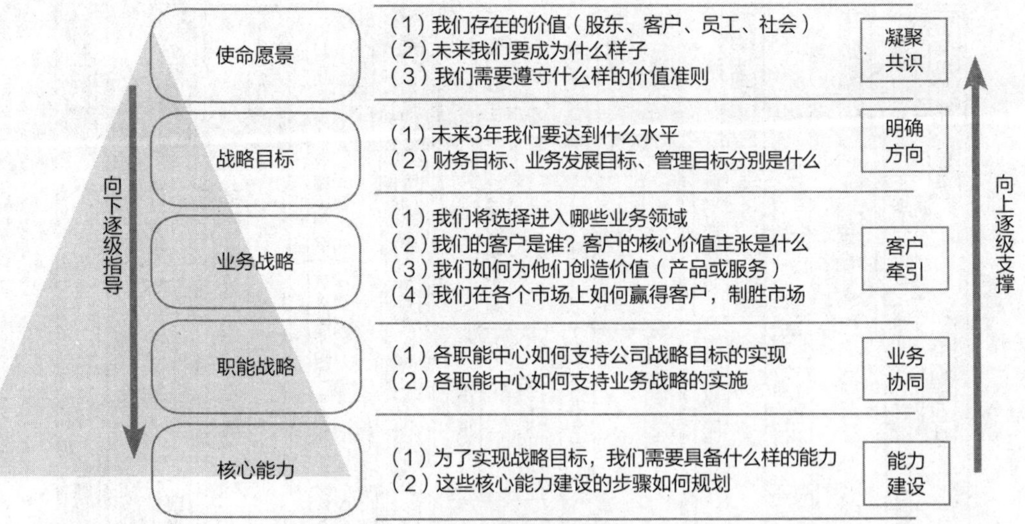
使命愿景
（1）我们存在的价值（股东、客户、员工、社会）
（2）未来我们要成为什么样子
（3）我们需要遵守什么样的价值准则
凝聚共识
战略目标
（1）未来3年我们要达到什么水平
（2）财务目标、业务发展目标、管理目标分别是什么
明确方向
业务战略
（1）我们将选择进入哪些业务领域
（2）我们的客户是谁？客户的核心价值主张是什么
（3）我们如何为他们创造价值（产品或服务）
（4）我们在各个市场上如何赢得客户，制胜市场
客户牵引
职能战略
（1）各职能中心如何支持公司战略目标的实现
（2）各职能中心如何支持业务战略的实施
业务协同
核心能力
（1）为了实现战略目标，我们需要具备什么样的能力
（2）这些核心能力建设的步骤如何规划
能力建设
向下逐级指导
向上逐级支撑

图4-1　企业发展战略框架

户服务等价值创造全过程的业务活动。值得注意的是，不同企业价值创造的逻辑是不同的，有些企业是市场营销—面向订单研发—面向订单生产制造—仓储物流—客户服务；有些企业是客户需求调研—产品研发—市场营销—面向订单生产制造—仓储物流—客户服务；还有些企业是需求调研—产品研发—生产制造—市场营销—仓储物流—客户服务。总之，在绘制业务蓝图的时候一定要把企业价值创造的逻辑表达出来。

（4）企业支持业务。与价值链模型中的支持活动类似，支持业务需要规划和识别与企业价值创造不可或缺的辅助和支持活动，常见的支持业务包括品质管控、设备管理、工厂管理、财务管理、组织及人力资源、行政后勤、流程与信息化、资源管理等。

【案例 4-1】深圳信睿科技业务蓝图（图 4-2）

从图 4-2 可以看出，深圳信睿科技的业务蓝图中战略及年度经营计划共包括 11 项核心业务活动，企业经营衡量包括 11 项关键指标，核心业务包括 34 项业务活动（其中，市场营销 10 项、新产品开发 6 项、面向订单开发 4 项、供应链管理 7 项、客户服务 7 项），支持业务包括 50 项业务活动（其中质量管理 5 项、工艺及设备管理 4 项、组织及 HR8 项、流程及信息化 7 项、行政后勤 9 项、EHS3 项、财经服务 11 项、资源管理 6 项）。

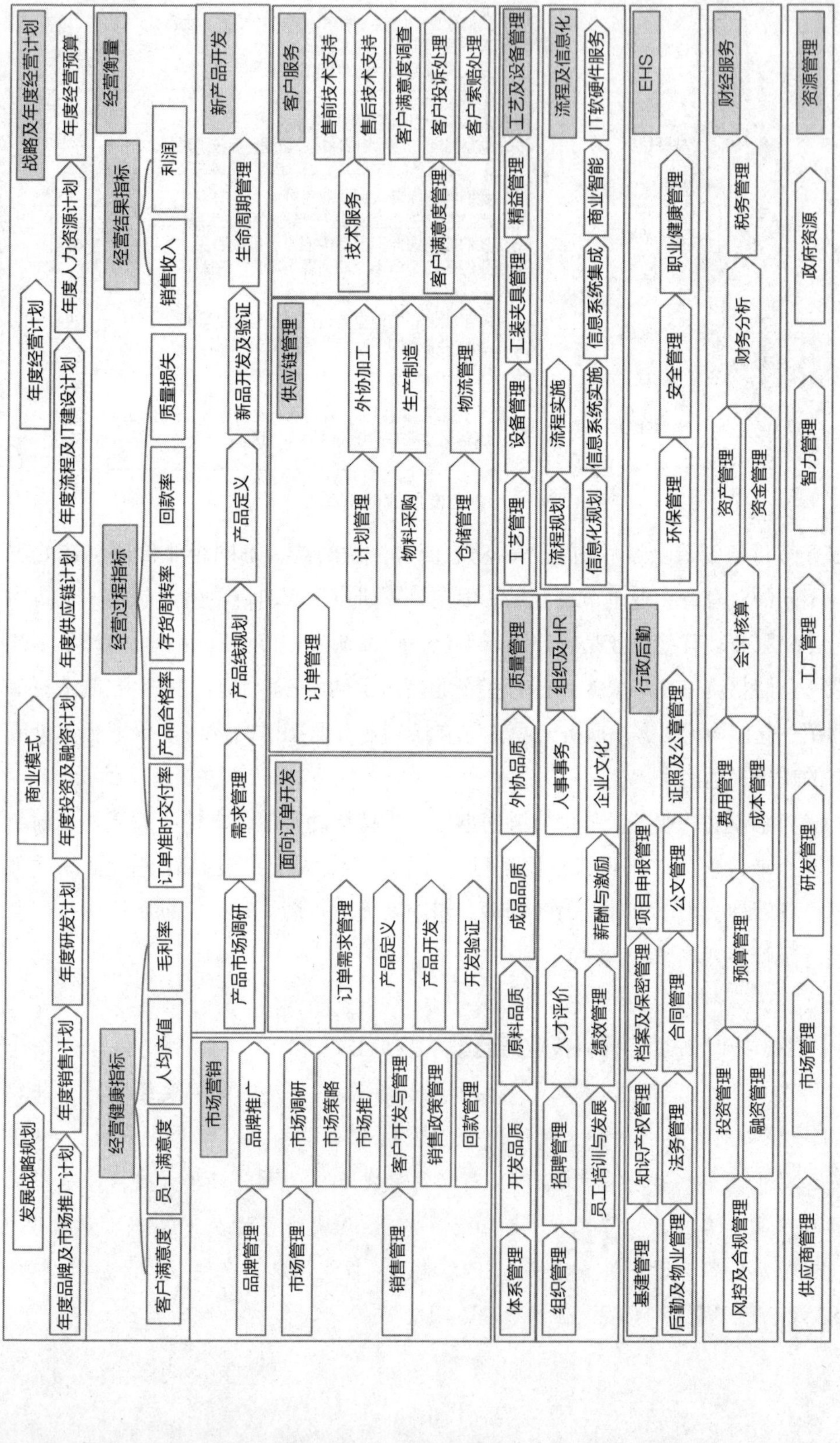

图4-2 深圳信睿科技业务蓝图

3. 知识要素甄别

业务蓝图中规划的每项业务活动背后都隐藏着相应的知识项目，因此企业可以根据业务蓝图进行任职资格知识要素的甄别。

【案例 4-2】深圳信睿科技知识要素识别

基于图 4-2 中提到的 95 项业务活动（战略及年度经营计划 11 项、核心业务 34 项、支持业务 50 项），表 4-1 是我们帮助该企业识别的知识要素项目共 25 项。

表4-1 深圳信睿科技知识要素识别表

业务蓝图构成	业务活动	对应知识要素	知识要素项数
发展战略及经营计划	发展战略、商业模式、年度经营计划	战略管理知识、商业模式知识、年度经营计划知识	3项
企业核心业务	市场营销、新产品开发、面向订单开发、供应链管理、客户服务	市场营销知识、研发项目管理知识、供应链知识、生产管理知识、公司产品知识、客户服务知识、行业基础知识	7项
企业支持业务	质量管理、工艺及设备管理、组织及HR、流程及信息、行政后勤、EHS、财务管控、资源管理	组织管理知识、流程管理知识、行政管理知识、人力资源管理知识、财务管理知识、合同管理知识、信息系统管理知识、设备管理知识、安全管理知识、审计知识、档案管理知识、计算机软硬件知识、现场管理知识、公司文化、制度与流程	15项

4. 知识要素定义与分级

定义，本意为对事物做出的明确价值描述。定义是对一种事物的本质特征或一个概念的内涵及外延确切而简要的说明，或是通过列出一个事件或者一个物件的基本属性来描述或规范一个词或一个概念的意义。

知识的定义比较简单，最常见的是列举法，就是把相关知识点全部罗列出来就可以了。当然，有些企业还对每个知识点做一定的细化说明，也是可以的。

比如：

财务管理知识，包括会计学原理、统计学原理、税收原理；管理会计、成本会计；工业企业财务管理、工业企业会计、会计电算化、审计学、财务分析、财务预算管理；投融资管理、投资项目可行性分析、投资风险评估等。

市场营销知识，是指包括品牌管理、广告学、预测与调研、市场策划、营销渠道管理、客户关系管理、价格管理、销售技巧、销售终端管理、营销信息管理、竞争情报等方面知识的总和。

对于知识要素是否需要分级，不同的企业有不同的看法，有些企业认为知识是任职资格当中的基础项，需要相应职位族或者职系的人都必须掌握，不需要分级；而有些企业则认为不同层级的人对知识掌握的广度和深度要求不同，需要进行分级。

"知识的广度"很容易理解，企业可以根据职位族或者职系所承担的工作职责来识别，如人力资源专业知识，对于招聘的岗位就不需要掌握薪酬与激励、企业文化、员工培训、人事事务等方面的知识，但对知识深度的理解就不同，有些岗位需要了解基本概念，而有些岗位需要掌握某项知识的全部。根据我们的经验，知识项目的分级主要是依据知识的深度进行的（表 4-2）。

表4-2 知识深度分级标准

分级	分级标准
1级	了解知识基本概念和理论框架
2级	了解知识概念、框架与一般操作规范、标准，能够初步做到理论联系实际
3级	掌握知识概念、框架与操作规范、标准，基本能够在工作中运用知识，对于一般性的技术问题能够提出有效解决思路
4级	熟悉知识概念、框架与操作规范、标准，不仅能够运用知识对一般性技术问题进行分析、总结，提出解决问题思路，还能够有效分析问题产生的原因
5级	精通知识概念、框架与操作规范、标准，在某些知识上能够提出一些新的观点和理论，同时还得到行业的认可，具有极强的影响力

二、知识要素词典

为了便于理解与应用，本书将常见的知识要素形成知识要素词典，具体如表4-3、表4-4所示。

表4-3 专业知识词典

专业知识项目	专业知识定义
战略管理知识	企业战略管理的基本理论知识（含战略分析、战略选择、战略实施、战略监控）、方法论、工具等知识的总和
项目管理知识	包括系统管理理论、项目策划、目标管理、项目计划管理、项目过程管理、项目风险管理、项目分析、验证评估等方面知识的总和
组织管理知识	组织运作原理和组织设计原则、组织设计（组织分工及人员配置）、组织优化、组织再造和组织执行、定岗定编、岗位说明书等相关知识的总和
流程管理知识	公司、部门和岗位各层面用以指导工作的管理流程、业务流程和辅助流程的总和
行政管理知识	包括行政学、公共关系学、商务礼仪、文秘、管理学（基础）等方面知识的总和
人力资源知识	现代人力资源管理的基本理论知识、管理思想、方法论、工具、企业实践等，包括人力资源规划、组织管理、绩效管理、薪酬与福利、招聘与培训、员工职业生涯管理、员工关系等知识的总和
财务管理知识	包括会计学原理、统计学原理、税收原理，管理会计、成本会计；工业企业财务管理、工业企业会计、会计电算化、审计学、财务分析、财务预算管理，投融资管理、投资项目可行性分析、投资风险评估等知识的总和
市场营销知识	包括品牌管理、广告学、预测与调研、市场策划、营销渠道管理、客户关系管理、价格管理、销售技巧、销售终端管理、营销信息管理、竞争情报等方面知识的总和
供应链知识	包括采购管理、供应商开发与管理、仓储管理、运输管理等知识的总和
生产管理知识	包括生产计划、生产过程控制、生产异常处理等知识的总和
设备管理知识	包括设备基础知识、设备工作原理知识、设备结构与操作知识、设备使用及日常维护、设备维修等知识的总和

续表

专业知识项目	专业知识定义
合同管理知识	包括经济合同法知识、合同签订知识、合同履行知识、合同文本管理等知识的总和
信息系统知识	包括信息与管理知识、管理信息系统的应用、计算机系统技术基础、数据通信与计算机网络、管理信息系统的构建等知识的总和
客户服务知识	包括咨询服务、运营服务、售后服务、呼叫中心、服务质量监控、客户满意度管理和客服信息化建设等知识的总和
设备管理知识	包括设备基础知识、设备工作原理知识、设备结构与操作知识、设备使用及日常维护、设备维修等知识的总和
安全管理知识	包括事故预防与处理知识、安全规程及规章、化学品常识或爆炸物品知识、消防知识等、安全法律法规等知识的总和
审计知识	包括根据国家法规、公司审计准则，对经济责任、重大项目、核心员工审计的各项知识总和
档案管理知识	指档案管理的理论和方法以及对档案进行整理、分类、组卷、归档、编研、统计的知识的总和
计算机软硬件知识	指计算机系统软件、应用软件的维护、办公自动化、计算机硬件、网络维护等知识的总和
体系管理知识	质量、安全、职业健康等管理理论、管理体系、管理标准、程序文件等方面知识的总和
现场管理知识	指用科学的标准和方法对生产现场各生产要素，包括人、机、料、法、环等进行合理有效的计划、组织、协调、控制和检测，包括现场物料管理、计划管理、设备管理、工具管理、人员管理、排产管理、5S 管理、精益管理等知识的总和

表4-4　基本知识词典

基本知识项目	基本知识定义
公司文化	包括公司发展历史与沿革、现状和未来发展战略、使命与追求、经营目标、经营理念、核心价值观、组织结构等
制度与流程	指为了保障公司管理、业务及相关运营活动正常开展的各种制度、流程等文件的总和
产品/服务知识	包括公司提供的产品 / 服务种类、产品性能、服务模式、技术规范、生产工艺、技术水平等标准化信息的总和
行业基础知识	指公司主营业务的市场状况、技术状况、发展态势、竞争对手、国内外行业标杆、国家宏观政策等各种综合性信息的总和

第五章 能力要素开发

如前文图 1-2 所示，员工要想产生良好的工作行为，首当其冲的就是要求员工具备相应的技能，企业在进行能力要素开发的时候为了满足战略需要，一方面需要根据公司战略定位识别和规划战略实施需要具备的核心能力，如资源开发与整合能力、人力资源开发能力、资本运营能力、创新能力、产品开发及运营能力、品牌传播能力等核心能力；另一方面还需要结合不同职位族或者职系的特征，识别和规划满足这些职位族或者职系日常工作必须具备的一些基本能力，如执行能力、学习能力、领导能力、计划能力、解决问题能力等。

一、核心能力要素开发

战略决定企业做正确的事情。企业发展战略规划就是要厘清企业使命与愿景，并根据企业外部宏观及竞争环境、企业内部经营状况及管理现状设定企业的战略目标，另外，为保证战略措施有效落实及战略目标顺利实现，企业还需要识别和打造需要具备的核心能力，并依靠企业内部的力量将这种规划和决策付诸实施，以及在实施过程中进行动态管理。

企业战略（如图 4-1 所示）是否能够有效实施，最终取决于是否具备战略实施的核心能力，这些能力是任职资格中核心能力要素开发的关键所在。

既然核心能力来源于企业的战略，那么我们就按照企业战略框架，系统介绍核心能力开发的基本方法和步骤：

1. 核心能力要素规划

（1）愿景描述：确定方向。对于任何企业而言，愿景都是其发展蓝图，是其永远为之奋斗并期望达到的理想场景。企业愿景一旦确定，则需要企业全体成员将其作为终极目标去追求。描述愿景就是要解决这样一个最基本的问题：我们将向哪里去？我们要成为什么？

（2）战略分析：确定目标。企业有了清晰的愿景描述之后，必须客观认知现在所面临的内外部经营环境，认清企业现在所处的位置，并结合愿景量化描述企业战略目标。

因为，“在任何场合，企业的资源都不足以利用它所面对的所有机会或规避它所受到的所有威胁。因此，战略基本上就是一个资源配置的问题。成功的战略必须将主要的资源用于利用最有决定性的机会。”威廉·科恩如是说。

战略分析的核心目的就是准确描述企业的战略目标，战略目标可能是财务目标，也可能是业务发展目标，还可能是管理目标。

（3）业务战略：锁定目标。企业的战略是要在一个复杂、多变的环境中去实现的，企业需要从产业选择、目标客户确定及客户需求洞察、产品线规划、市场拓展及竞争策略规划等维度系统规划业务战略。

（4）职能战略：分解目标。彼得·德鲁克曾经说过：“经营目标可以被比作轮船航行用的罗盘。罗盘是准确的，虽然在实际航行中，轮船可以偏离航线很远。然而如果没有罗盘，航船就既找不到它的港口，也不可能估算达到港口所需要的时间。”可见，目标对于企业战略实施和经营的重要性，没有目标的战略不能称为战略，没有目标的企业就如脚踩西瓜皮，踩到哪里算哪里。

企业战略实施的过程中，还需要对目标进行分解，比如新产品研发、市场营销、集成供应链、财务投资、人力资源等，这就是我们通常所说的职能战略。

（5）核心能力：实施基础。俗话说得好：工欲善其事，必先利其器。战略实施之前，企业还需要充分规划战略实施必须具备的一些核心能力，如果这些核心能力不具备，即便是再好的战略也只是空中楼阁，无法实施。

【案例】深圳信睿科技核心能力规划

通过信睿科技发展战略的解码，公司最终识别出了该企业战略实现所必须具备的5项核心能力，并对这些核心能力进行了定义和分级说明（表5-1～表5-5）。

表5-1 战略规划与实施定义与分级

战略规划与实施能力		研究全局性、长远性和根本性规律的思维方式，是分析和解决宏观性、前瞻性、政策性等重大战略问题的立场、观点和方法
战略规划与实施分级	1级	认同他人制定的目标：能够认同公司为其制订的工作规划，调整个人目标确保个人目标与集体目标的统一，在工作中不会通过伤害集体目标的方式来实现其个人目标
	2级	主动设定工作方向：能够主动确定团队的发展方向，并能够在设立或调整团队与个人目标的时候，确保其能够支持公司的愿景及战略目标的实现

续表

战略规划与实施分级	3级	调整工作行为：能够不断调整工作行为以适应公司价值观、使命、愿景和战略目标的要求
	4级	思想的领跑者：在工作中能够对市场、行业的发展有独到观点并能通过系统、严谨的分析来支持其观点的成立

表5-2 创新能力定义与分级

创新能力定义		在工作过程中具有敢于突破以往经验束缚的精神，通过创造或引进新观念、新方式，提高工作绩效的能力
创新能力分级	1级	借用其他领域的方法：在工作中能够参照、引进行业领域以外的观点与方式，并在工作中予以应用
	2级	敢于突破经验的束缚：能够主动收集了解业内最新动态和发展方向等信息，敢于突破以往获得的知识和经验的框架，能够提出与众不同的新观点、新见解和新方法
	3级	培养创新性：积极营造创新氛围，鼓励他人在工作中提出解决问题的新方法和新观点，善于吸收和利用他人的新方法和新观点进行创新
	4级	大胆寻求突破：敢于承担风险去根据工作任务的特点制定新政策、采取新措施和尝试新方法

表5-3 学习与迭代能力定义与分级

学习与迭代能力定义		在工作过程中积极获取与工作有关的信息和知识，对获取的信息和知识进行加工和整理，并就工作经验与技巧与他人讨论与分享，从而不断地更新自己的知识结构，提高自己的工作技能
学习与迭代能力分级	1级	被动学习：在工作中能够在上级的要求和督促下参加培训与经验交流活动，但如果采取自愿报名参加的方式时多数情况下是不会主动报名参加的
	2级	主动学习：能够根据自身需要主动制订自己的学习目标与学习计划，并采取行动实现学习目标以提高自身能力水平，并且在工作中愿意与他人在工作经验方面进行沟通交流
	3级	创建学习型组织：能够通过知识、经验共享等活动来组织群体性的学习，实现团队成员的共同成长与进步
	4级	学以致用：能够深入、系统地学习当前最新的知识和技术，或将工作中的工作技巧和工作经验进行系统地整理、总结、提炼，使这些知识和经验、技巧为企业发展提供有力的支持

表5-4 人才培养能力定义与分级

人才培养能力定义		根据公司发展需要，结合员工个人特点、职业发展方向与目标，提供学习和培训等各种锻炼机会使员工不断成长
人才培养能力分级	1级	帮助下属解决工作困难：当下属在工作中遇到困难寻求支援时，能够给予详细地指导或示范说明，为下属提供具体的支持和帮助，说明如何解决困难，但是不会主动的，有预见性的在下达工作任务之前去为下属进行系统性的培训
	2级	系统性地指导下属工作：能够主动在给下属下达工作任务时，给予下属包含道理或理论基础在内的系统指导，或为下属提供额外的信息、工具、方法、建议等，确保下属的工作更顺利地完成
	3级	有针对性的培养员工：能够主动地根据下属的不同特点与技能水平程度为其制订发展计划和安排工作任务
	4级	创造发展空间：为下属创造合适的发展空间，并充当下属的职业生涯发展导师，真正以发展下属为己任

表5-5 团队合作能力定义与分级

团队合作能力定义		以组织整体利益为己任，建立、维护并运用高效的组织，并与组织中的其他人保持良好合作关系，充分利用组织资源、与组织成员分享工作成果的协作意识
团队合作能力分级	1级	信息共享：能够通过信息共享来为团队决策提供支持，并能够及时与团队成员交流团队内发生的事情，使团队成员及时了解团队取得的成绩与不足
	2级	信任团队：对团队其他成员的能力和贡献抱着积极的态度，能够用积极的口吻评价团队成员，评价他人提出的意见和经验的价值。愿意在做决定或计划前征求团队成员意见和建议
	3级	鼓励与授权：当他人作出贡献或实现目标时能给予公开的表彰和鼓励，并在工作中通过一定的授权使他人感觉到自己的重要性，从而发挥更大的作用
	4级	解决冲突：能够以实际行动倡导良好的团队氛围，鼓舞士气，及时解决或缓解团队中出现的矛盾和冲突，维护及提升团队荣誉

2. 核心能力要素定义

核心能力是基于公司战略甄别和规划出来的，由于每家企业的战略选择不同，因此，还需要对每项核心能力进行定义。

核心能力定义通常是将企业根据战略演绎推导出来的各项核心能力进行明确定义和说明，这种定义和说明力求简洁、易懂、无歧义。当然，企业的核心能力项目规划、甄别及对核心能力的定义会随着企业战略的调整而变化。

如麦克利兰认为团队合作（TW）是指与他人通力合作，并成为团队一部分，共同工作而非分开工作或相互竞争。团队合作分为三个构面，分别为团队合作的强度、涉及的团队规模、促使团队合作努力或主动积极的程度。概念式思考（CT）是指拼凑片段或着眼大局来了解一个问题或情况，包括找出它们之间的关联关系，或者找出复杂情况之中的关键点。概念式思考是利用创意、概念进行归纳推理，以便应用现有概念或者定义新的概念。

3. 核心能力要素分级

同样一项核心能力，不同职位族或者职系、不同管理层级对能力的要求深度是不同的，为了确保核心能力项目适合各个职位族、职系，企业还需要对每项核心能力进行分级。

核心能力究竟应该分几级，并没有一定之规，这与企业的职位族及管理层级的复杂程度有关，企业可以按照表 5-6 的描述，结合企业实际进行核心能力分级。

表5-6 核心能力分级标准

分级	分级标准
1级	初做者：能够在别人的指导下从事本专业领域内某一部分的工作，并随时需要他人帮助
2级	有经验者：能够在别人的指引下从事本专业领域内多项工作，基本上不需要他人指导
3级	骨干：熟悉本专业领域内的大部分工作，基本上可以做到独立操作
4级	专家：能够从事本专业领域内的绝大部分工作，并能够指导别人的工作，对涉及其他相关领域的工作也有所了解
5级	权威：精通本专业领域内的所有工作，不仅仅可以指导别人工作，而且能够根据内部外环境变化，及时采取措施

二、基本能力要素开发

基本能力与公司的战略关系不是很大，基本能力是对任职者自身能力的最基本要求，比如对于销售职位族的基本能力要求会有关系建立、沟通能力、口头表达能力、谈判能力、客户服务；对于技术研发职位族的基本能力要求会有信息收集与分析、趋势判断、概念式思考、创新能力；对专业事务职位族的基本能力要求会有执行能力、沟通能力、协调能力、解决问题能力等。

基本能力开发方法与核心能力也不同，常见的方法有行为事件访谈法、关键绩效分析法、标杆分析法、问卷调查法。

1. 行为事件访谈法

行为事件访谈法（BEI，Behavioral Event Interview）是开发基本能力项目最常用的方法，是通过对绩效良好者与绩效平庸者之间的关键行为进行访谈、编码和统计，获得两者之间具有显著性差异的基本能力。行为事件访谈法核心步骤包括明确绩优标准、选定候选人、行为事件信息收集、访谈资料编码与统计、基本能力项目定义。

2. 关键绩效分析法

关键绩效分析法是根据不同职位族或者职系需要承接的关键绩效（KPI）结果，挖掘隐藏在其背后的真实原因，然后定义出影响关键绩效的基本能力要素，这种方法与行为实践访谈法类似，但操作起来更加便捷。

3. 标杆分析法

常言道：榜样的力量是无穷的，通过与先进标杆的对比可以知道自身的差距，帮助企业少走弯路，缩短追赶先进的时间，减少企业的风险成本与管理成本。通过对标杆企业（职位族或者职系）的研究，找出决定其成功的关键能力项目，也是一种常见的基本能力要素开发方法。

进行标杆分析时，主要有选标、对标、超标三个步骤，其具体含义如下：

（1）选标：向业内或业外的最优秀企业进行学习，首先要选定学习对象，当然除非你已经是行业的标杆了。

（2）对标：不断寻找和研究一流公司的最佳实践，并以此为基准与本企业进行比较、判断和分析，从而使自身企业得到不断提高和改进，进入赶超一流企业，创造良好优秀业绩的管理循环过程。

（3）超标：通过学习，企业重新进行思考和改进经营实践，创造自己的最佳实践，实际上就是模仿、创新与超越的过程。

利用标杆分析发现问题的时候需要注意以下两点：

（1）标杆选择切忌越高越好。标杆的选择讲究适度，千万不要拿行业顶尖的企业作为自己对标对象。

（2）切忌照搬照抄。任何成功的经验都不能盲目照搬，因为任何企业都有其自身的特殊情况，如果完全照搬，很可能导致水土不服。

4. 问卷调查法

问卷调查法也是一种常用的方法，采用问卷调查进行基本能力开发时需要设计需要注意四点：

（1）调查对象选择。不同职位族或者职系最好选择绩优、绩中、绩差不同类型的员工参加。

（2）问卷设计。问卷设计力求简单、明了，不要让员工产生歧义，最终影响调查效果。

（3）问卷分析。问卷分析一定要本着严谨、科学的态度。

（4）基本能力萃取。通过问卷分析，企业需要从分析中得出适应某项工作、某个岗位、某个职系及职位族所必须具备的能力项目。

基本能力与不同职位族或者职系相关，为了让读者朋友有一个非常直观的理解，我们将企业常用的基本能力要素汇总如下（表 5-7）。

表5-7 企业常见基本能力及职位族对应关系（示意）

基本能力项目	管理职位族	市场营销职位族	技术研发职位族	生产制造职位族	专业事务职位族	辅助职位族
执行能力	√	√	√	√	√	√
流程/制度执行	√	√	√	√	√	√
沟通能力	√	√				
谈判能力		√				
学习能力	√	√	√	√	√	√

续表

基本能力项目	管理职位族	市场营销职位族	技术研发职位族	生产制造职位族	专业事务职位族	辅助职位族
适应能力	√	√	√	√	√	√
应变能力	√	√				
抗压能力	√	√				
信息收集能力	√	√	√		√	
周密思考能力			√			
演绎推理能力	√		√			
归纳分析能力	√		√			
解决问题能力	√	√	√	√	√	√
人际交往能力	√		√			
人际理解能力	√		√			
分析判断能力	√	√				
口头表达能力	√	√				
外语说写能力		√	√			
书面表达能力	√					
电脑操作能力	√	√	√	√	√	√
领导能力	√					
评估下属能力	√					
培养下属能力	√					
任务分解能力	√					
任务实施能力	√					
督导能力	√					
跨部门工作能力	√	√	√	√		
决策能力	√					
危机管理能力	√	√				
目标管理能力	√					
计划管理能力	√	√	√	√	√	√
组织协调能力	√	√				
冲突解决能力	√	√				
过程监控能力	√					
团队建设能力	√					
文化传播能力	√	√	√	√	√	√
……						

三、能力要素词典

为了让广大读者易于理解、便于应用，我们整理了常见的核心能力、基本能力词典。

1. 常见核心能力词典（表 5-8）

表5-8 常见核心能力词典

核心能力项目		核心能力定义与分级
为客户创造价值		以客户为中心，研究并洞察其需求，不断驱动产品及服务的改善和创新，为客户创造价值，赢得忠诚的客户
分级	1级	洞察客户需求： （1）深入研究客户需求，并对客户需求进行分类、分层 （2）基于客户需求设计产品和服务
	2级	提供满意服务，响应客户需求： （1）迅速响应，以真诚、负责的态度及时提供令客户满意的产品和服务 （2）当客户提出问题时，以首问负责的态度花时间与精力为客户处理问题
	3级	不断反思及改进对客户的服务： （1）主动反思产品和服务的问题，并提出改进措施 （2）从客户提出的问题中找出背后在制度和流程中的漏洞，通过制度和流程的改进，保障产品和服务的持续优化，根治问题 （3）和客户保持密切联系，以主动沟通，倾听客户声音等方式，去总结及反思对客户服务的改进
	4级	洞察潜在需求，超越客户期望： （1）基于对客户需求的深入研究，发现客户的潜在需求，通过额外的努力，完成对客户的服务，使客户感受到超出期望的服务质量 （2）根据客户的需求，在不增加客户的开支及不损失公司利益的前提下，提供超值的解决方案、产品或服务
	5级	引领需求，创新价值： （1）前瞻性地预测客户需求可能的发展趋势，提前做出筹划，引领客户需求 （2）与客户缔结利益共同体，与客户建立长期的双赢战略伙伴关系，共同应对未来挑战，携手客户获得长期成功 （3）重塑产业价值链，为客户提供创新的增值服务

续表

核心能力项目		核心能力定义与分级
战略性思维		面对各种情境，基于数据信息，运用多种思维方式，系统性地形成对业务的认识和判断，并最终做出有创意的战略性决策
分级	1级	信息收集与分析： （1）明确识别战略决策所需要的信息，以及信息收集渠道 （2）对信息进行分析与整理
	2级	指出联系，分清主次： （1）基于数据信息分析，看清行业、市场、产品、客户等不同因素之间的直接关联 （2）基于战略目标进行优先级判断，分清主次
	3级	深刻分析，发现规律： （1）运用结构性管理工具对行业、市场、产品、客户进行分析 （2）通过各种方式发现业务或行业规律，这里说的规律是指一些表面的周期性或常理性的现象或特点，如果是探讨现象的背后的深层原因，则属于本质的探讨
	4级	全局思考，把握本质： （1）从全局的角度平衡各种因素的利弊，运用情景规划的方式思考不同战略的可行性，找出最佳战略 （2）在多变情境中，迅速抓住业务成败的核心因素，进行灵活的战略调整 （3）从多个维度进行思考，找到实现战略目标的最优解
	5级	洞察趋势，突破思维： （1）判断行业未来 3 ～ 5 年变化趋势，进行突破性思考，指出战略方向 （2）颠覆性思考，创新商业模式，重新定义行业格局
战略规划能力		通过对组织内外环境的分析判断，制定组织的中长期发展目标，并能把具体工作安排和整体发展目标有效结合起来
分级	1级	战略理解： 认识到自己的日常工作与组织战略（由他人制定）的联系，了解短期利益与长远目标间的关系，清楚自己管辖范围内的工作在组织整体发展中的位置和作用
	2级	战略行动： 按照外部或组织战略的要求安排工作的轻重缓急和优先次序，在资源分配方面，向战略发展的重点方向倾斜，不因为短期业绩压力，忽略长期发展战略的要求
	3级	战略设计： 在组织整体战略的大范围内，根据局部（区域）的特点和条件，设计落实管辖范围内的工作

续表

核心能力项目		核心能力定义与分级
分级	4级	战略制定： 设定自己管辖范围内工作的具体目标并推动制定相应的落实措施，能够有效抵制与组织战略方向不一致的工作行为
	5级	战略思维： （1）在当前具体工作安排时能够从宏观和整体进行考虑，做出有利于组织长远发展的决策 （2）清楚长远发展目标的要求，及时检讨当前的战略和工作部署
战略决策		通过对多个可行方案进行分析和判断，挑选出最适当的方案及实施时机，并能够勇于承担风险，做出有利于推进工作的明确决定
分级	1级	常规决定： 在收集到较为充分的信息后，清楚地向团队成员表明自己的要求，并给予他们基本的、例行的指示，但当面对一些例外事项或突发事件时，往往需要借助他人力量
	2级	立场坚定： （1）能够坚持立场，决策时以事实为依据，拒绝他人不合理的要求 （2）对一些例外事项和突发事件也能独立判断，做出决策
	3级	全面考虑： 面对有竞争性的方案时，能够全面考虑各方意见，细致分析影响因素，认真对比各个备选方案，及时做出决定
	4级	风险决策： 能够合理预测决策可能带来的风险，衡量潜在收益，及时做出抉择，并勇于承担风险
	5级	长远规划： 在复杂、模糊且风险很高的形势下，或在大多数人反对的情况下，仍能坚持观点，毫不犹豫地做出对组织有长远影响的有利决策
主动应变		预见未来可能存在的挑战或机遇，主动谋划布局，争取并整合资源，坚忍地致力于问题的解决
分级	1级	发现变化，积极应对： （1）对企业经营环境、客户需求、内部管理变化敏感 （2）积极主动收集变化
	2级	积极正向、直面问题： （1）主动思考每天日常工作中存在的问题并采取相应的行动去解决 （2）以正向的心态看待日常工作的困难，直面问题，不退缩，不逃避
	3级	设定中长期行动目标，制订行动方案： （1）设定中长期目标，构思细化方案，考虑关键节点，并据此制订行动方案 （2）建立长期的监控机制，以保障方案的有效执行

续表

核心能力项目		核心能力定义与分级
分级	4级	灵活应变，坚定不移地完成既定的目标： （1）运用多种可行性方案，争取整合各种资源，一计不成，再生一计，坚定持久地采取行动 （2）在逆境中沉着应对、处理突发性、复杂的事件，灵活改变工作计划，并有效推进工作，坚持达成原定的目标
	5级	预见机遇或挑战，果断决策： 在充分判断未来长期收益的基础上敢于果断做出决策，主动跳出现有运作框架，预见未来机遇或挑战。充分调动、组合所有可利用资源，以把握机遇或降低风险
创新能力		关注身边的新技术、新方法和新事物，挑战传统的工作方式，推陈出新，在服务、技术、产品和管理等方面追求卓越，进行突破性创新的行为特征
分级	1级	经验推断： 当面对新挑战时，通常利用以往经验，或者参照系统内部的观点进行推断
	2级	创新思考： （1）主动关注身边发生的新技术和新方法，与现有事物进行比较，发现其中的差异所在 （2）思考新技术或新问题对自己工作可能产生的影响
	3级	挑战现状： （1）不断对现有事物提出问题，挑战传统的工作方法和思维方式 （2）对本职工作的改善有自己的见解，不断引入其他领域的观念和方法来指导工作
	4级	推陈出新： （1）尝试新的事物，通过自己的判断进行合理使用，降低风险 （2）改进现有的方案，找到更好更有效的工作方式或产品
	5级	发明创造： （1）形成和运用新的概念，创造出全新的工作方法或产品 （2）拥有市场上的新发明，或能够建立获得社会认可的理论体系，由此指导并提高绩效 （3）敢于为制定新政策、采取新措施或尝试新方法承担相应的风险
塑造组织能力		根据企业整体战略、文化、价值观的要求，建立并持续优化、完善组织架构、业务与管理流程、团队人才发展机制等，落实战略、文化、价值观，提升组织能力，从而形成难以复制的竞争优势
分级	1级	组织规划与建设： （1）根据战略及业务发展需要，规划组织模式及架构 （2）清晰定义管理层级、组织关系、组织职能、协同规则及权限分配

续表

核心能力项目		核心能力定义与分级
分级	2级	以组织能力的视角看问题，局部改善调整： （1）当问题发生时，不仅仅只是解决具体问题，而是通过组织架构、业务与管理流程、团队人才发展机制等角度进行局部调整，以避免问题再次发生 （2）调查、了解并思考组织在组织架构、业务与管理流程、团队人才发展机制等上存在的问题
	3级	整体规划，系统地提升组织有效性： （1）规划并建立组织架构、业务与管理流程、团队人才发展等组织机制 （2）建立组织能力提升的动态调整和监督机制，如设定组织能力提升的目标，并定期持续评估和跟踪
	4级	聚焦战略目标，建立战略中心型组织： （1）以战略为中心，构建组织架构、业务与管理流程、团队人才发展机制等，保持业务战略与组织建设的一致性 （2）深刻理解公司战略，时时督促和检查组织内的组织架构、流程、人才发展等机制是否符合公司 战略要求
	5级	传播落实文化价值观、打造难以复制的组织优势： （1）深刻意识到公司文化、价值观重要性，通过持续不断地在组织内宣传贯彻、身体力行等方式，在组织内落实公司文化和价值观的要求 （2）打破组织壁垒和层级，推动建立独特的组织文化，比如无边界沟通的跨组织协作文化、以集体 反思为核心的组织学习文化等
领导团队		明确团队目标，建立规则和体系，实现团队有序运作，并激励团队，培养团队能力，有效提升凝聚力，最终打造高绩效团队
分级	1级	明确团队使命与分工： （1）明确团队存在的价值，建立团队成员使命感 （2）明确团队分工及协作规则
	2级	明确工作标准，时时监督反馈： （1）明确团队工作任务、目标及具体要求，并明确团队成员各自的任务及角色 （2）合理授权，对任务的执行过程进行检查并给予反馈 （3）坚持绩效标准，赏罚分明
	3级	促进团队互动，创造学习氛围： （1）倡导团队合作，群策群力，鼓励团队积极互动 （2）分享经验，辅导队员间的合作，化解团队合作冲突 （3）为团队学习提供资源，创造有利的学习环境与氛围

续表

核心能力项目		核心能力定义与分级
分级	4级	优化团队运作机制，确保团队高效运作： （1）系统地评估、发现团队的薄弱之处，并采取措施加以改善，如优化团队配置等 （2）优化团队运作机制，如建立奖惩规则、协作流程制度等，并有效落实 （3）规划团队人才发展培养计划，建立人才梯队
	5级	凝聚团队灵魂，打造高绩效团队： （1）通过身体力行的方式，或通过象征性的事件，塑造、落实团队文化和价值观 （2）通过持续地描绘、阐述愿景和使命，不断感召、激励团队，营造高绩效的工作氛围 （3）采取多样的领导风格，针对不同团队成员的特点和不同工作情境的要求，灵活应对，打造高绩效的团队
培养与指导他人		有培养他人的意愿，通过关注下属的潜能与可塑性，为下属的工作提供正确的指导和必要的支持，并通过与下属分享经验、评价反馈等方法提高其工作绩效
分级	1级	客观评价： （1）相信他人有主动性，并且有能力学会或改进工作，对他人取得的正面成绩或进步行为公开赞扬 （2）对下属目前特点、优势以及成熟度有比较深入的了解，对蕴涵在其身上的潜能和未来前途有肯定的预测和评价
	2级	传授方法： （1）进行详细的指示或是给予示范，告诉别人如何完成某项任务的具体步骤，提出明确有用的建议 （2）通常能够针对个体不同的特点，采用不同的指导方式，使其掌握完成任务的具体方法
	3级	分享经验： （1）愿意与他人分享成败的经验，提供为什么要采用某种做法的道理，帮助他人理解以强化培训效果，并利用提问题、测验或其他方法来判断他人是否理解，以协助其顺利完成任务 （2）为下属的工作提供具体的支持和帮助（例如：主动提供有用的工具、有价值信息和资源条件支持等）
	4级	提供反馈： （1）对他人的工作表现及时给予客观的、有针对性的反馈意见，从而帮助其认识到需要改进的地方或取得进步的方面 （2）在他人遇到挫折时给予支持和鼓励，针对行为而非个人给予反馈，并对其未来的表现表达出正面期待或给予个性化的改进建议

续表

核心能力项目		核心能力定义与分级
分级	5级	锻炼成长： （1）发现他人需要提高的方面，为其安排有针对性的工作任务、培训项目或其他实践机会，并设计工作改进和培训计划，以促进其学习和成长 （2）鼓励下属承担有挑战性的任务，在控制风险的前提下充分授权，让他们按照自己的方式完成工作
组织协调能力		根据工作目标的需要，合理配置相关资源，协调各方面关系，调动各方面的积极性，并及时处理和解决目标实现过程中存在的各种问题
分级	1级	思路明确，资源到位： 了解组织中的资源现状，能基本保证完成工作任务所需的资源按时到位
	2级	组织和调动资源： （1）组织各种工作时考虑周到，能根据任务的重要及紧急程度，提前分配或调动各种资源 （2）有一定的组织活动能力，愿意与人建立联系，但缺乏足够的创新方法，对参与者缺乏吸引力和控制力
	3级	调解冲突： 组织中出现冲突时具有一定的调解技巧，必要时借助上级或其他力量以保证工作继续开展
	4级	获取支持： （1）工作中常常有新的创意，组织各项工作时有一定的方法和技巧调动参与者的积极性，善于根据工作需要策划出大家喜欢参与，又有利于实现组织目标的活动 （2）善于同各方面保持融洽的关系，在兼顾对方利益的基础上促进相互理解、共同合作，保证工作顺利开展
	5级	对外协调： （1）有良好的沟通能力，社会交往面较宽，善于与外界建立合作关系，利用方方面面的资源为工作服务 （2）通过及时有效的分配和调动资源，克服由于他人原因引起的延误，圆满解决超出自己控制范围的问题
跨团队合作		尊重和认可跨团队的成员，并与之协作，相互提供支持与帮助，以实现资源共享，发挥组织的协同优势，提升核心竞争力
分级	1级	明确目标，建立分工与协同规则： （1）明确跨团队合作目标 （2）建立团队各自的分工及相互协同的规则

续表

核心能力项目		核心能力定义与分级
分级	2级	彼此尊重，相互学习： （1）尊重跨团队成员的多元化价值观与背景，认可他人的努力和成绩 （2）愿意向其他团队的同事学习，认真地向他们征求意见和建议 （3）积极主动地与其他团队的同事分享最佳实践，以求共同提高
	3级	相互支持，建立合作： （1）了解跨团队的资源分布情况，工作中有意识地寻求跨团队的支持。同时，当其他团队需要支持时，也提供帮助 （2）通过共享资源等方式、建立初步、临时的跨团队合作
	4级	不计局部得失，化解冲突： （1）在处理协作出问题或矛盾时，保持沉着冷静，平衡灵活性和原则性，时刻关注整个集团的长远利益，而不计较自身利益的损失 （2）探求双赢方案，鼓励并引导化解跨团队合作中的利益冲突
	5级	建立持久合作机制，产生多元化协同效应： （1）通过不断协商，总结与反思等方式，创造多元化业务协作模式，建立持久的跨团队合作机制 （2）坚持大华润视角，打破边界，产生多元化协同效应，形成集团核心竞争优势
影响他人		运用数据、事实等直接影响手段，或通过人际关系、个人魅力等间接策略来影响他人，使其接受自己的观点或使其做出预想的行为
分级	1级	直接说服： 采用单一、直接的方法或论据对他人进行说服，试图使他人支持自己的观点或要求对方做出承诺或保证
	2级	简单多元法： 采用两种以上方法或准备多种论据说服对方，但仍然是按照自己的想法进行，没有表现出有意识地针对被影响对象设计影响方式
	3级	对症下药： （1）善于换位思考，能够根据对方的关注点把握恰当时机，灵活选择适合对方的说服影响方式或调整影响的内容和形式 （2）预先考虑到不同对象的可能反应，提前做出准备或预备方案
	4级	巧借力： 寻找支持自己观点并能对别人真正产生影响的人物，使用连环套的方式对目标施加影响，如借助上级力量、游说关键性人物、利用人际关系网络进行间接影响等
	5级	利益联盟： 能够根据情况设计复杂的影响策略，与关键人物结成利益联盟，采用互惠的方式获得他们的认可和支持

续表

核心能力项目		核心能力定义与分级
资源整合能力		对不同来源、不同层次、不同结构、不同内容的资源进行识别与选择、汲取与配置、激活和有机融合，使其具有较强的柔性、条理性、系统性和价值性，并创造出新的资源的一个复杂的动态过程
分级	1级	资源规划： 识别战略及经营所需的最佳资源及获取渠道
	2级	资源挖掘： 对资源进行识别和选择，实现他为我用
	3级	资源整合： 对资源根据用途、性质分门别类，并进行有效整合
	4级	资源共生： 确保资源之间共生，相互成就
	5级	资源价值最大化： 按照资源共享、共生、多赢的原则进行资源配置，确保资源各自价值最大化，收益最大化

2. 基本能力词典（表 5-9）

表5-9　基本能力词典

基本能力项目		基本能力定义与分级
目标管理能力		运用各种手段与方法分解工作目标并制订有效的工作计划，确保工作目标有效实现的能力
分级	1级	能够编制短期（月度、季度）工作目标与计划，能将工作目标与计划与下属的工作职责相结合，明确任务要求和衡量标准，指导下属工作
	2级	（1）能够根据公司的年度计划，独立制订所负责的团队或某一模块的短期（月度、季度）工作目标与工作计划 （2）能够有效地利用目标与工作计划，进行工作的管理，并能够对工作目标与计划中存在的问题进行及时的总结、评价及分析改进
	3级	（1）能够独立制订所负责的团队或者所管辖领域的工作目标与计划，并能对目标进行有效分解 （2）能够对目标与计划实施过程中存在的潜在的风险与障碍，并能制定相应的应对措施
	4级	（1）能够组织制订所负责的多个团队或所管辖领域年度工作目标与计划，能够将多个团队目标进行有效分解 （2）能够深入分析目标实施过程中存在的潜在风险与关键障碍，并能组织建立合理的应对策略

续表

基本能力项目		基本能力定义与分级
计划管理能力		工作中能够迅速理解上级意图，形成目标并制订出具体可操作的行动方案，通过有效组织各类资源和对任务优先顺序的安排，保证计划的高效、顺利实施并努力完成工作目标的能力
分级	1级	根据具体目标，将工作分解为若干关键可操作性步骤，设立优先次序，形成任务时间进度表
	2级	能够准确评估实现工作目标所需的人、财、物等资源，并做出资源配置的可行性方案
	3级	建立监控和反馈机制，能够从整体上把握计划实施进程
	4级	在工作计划中预先考虑预留弹性或额外工作时间，以应对意外事件；主动评估工作中可能存在的风险，随时准备应对各种障碍和问题，并提前制定应变预案，确保工作任务总是按时、保质完成
执行能力		贯彻执行岗位、部门或公司交办的工作任务，有效达到目标的能力
分级	1级	能按时完成上级主管领导交办的各项工作任务
	2级	能利用有效的方法和途径，较圆满地按时完成工作任务
	3级	经常提前完成工作任务，能主动思考并提出有效提高工作效益的建议
	4级	能够充分利用资源，不断创新提高完成工作任务的方法，并善于实践总结
流程/制度执行		贯彻施行、实际履行流程/制度规定的工作任务、工作方法的能力
分级	1级	能按时完成流程/制度规定的工作任务
	2级	能利用有效的方法和途径，较圆满地按时完成工作任务
	3级	经常提前完成工作任务，能主动思考并提出有效提高工作效益的建议
	4级	能够理解流程/制度内涵，充分利用资源，不断创新提高工作任务的方法，并善于实践总结
领导能力		为了保障工作顺利完成，根据工作的分配，合理授予下属权力的能力
分级	1级	了解分配工作与权力的方法，能够指导被授权员工进行工作
	2级	能够顺利分配工作与权力，有效传授工作知识，帮助被授权员工完成任务
	3级	善于分配工作与权力，并能积极传授工作知识，引导被授权员工完成任务，并能够防范授权的风险
	4级	对分配工作与权力做到收放自如，被授权员工可以独立完成工作任务，做好授权风险防范和应对措施，对授权环节能进行充分而准确的评估
培养下属的能力		采取各种措施，运用各种方法，确保下属（知识、技能、素质等方面）能在符合公司胜任力要求的前提下得到不断成长的能力

续表

基本能力项目		基本能力定义与分级
分级	1级	正确地评价团队成员的长处和需要提高的地方，根据评价结果确定培训需求
	2级	能通过言行让下属感觉到对他们的器重和赏识
	3级	提出的批评或表扬具有针对性和建设性，能够创造学习型的组织来帮助下属改善工作
	4级	能为他人指明职业发展方向，促进能力水平的提升，并能制定为员工职业发展提供支持的相关政策
评估下属能力		对下属的工作能力、职业素养、工作成绩、不足之处等进行合理评价的能力
分级	1级	能够按公司要求对下属做出基本准确的评估
	2级	能较为合理地评价下属的技能和绩效，指出其不足
	3级	能合理评价下属的技能和绩效，使下属心服口服
	4级	能够利用绩效管理手段，对下属的业绩、能力素质进行客观公正的评价，使下属能够明确自己的不足与优势
团队建设能力		协调团队成员的内部关系、调动其积极性，激发其工作热情，增强团队的向心力和凝聚力，确保完成团队目标的能力
分级	1级	能够针对下属存在的问题提出相应的建议，组织领域内一个方面的团队，协调内部关系，完成工作目标
	2级	能够给予下属基本的工作指导，为下属提供的相关信息、工具、建议等，通过团队成员能力的提升，组织领域内一个方面的团队完成较复杂的团队工作目标
	3级	能够有计划地给予下属包含工作实践或理论基础在内的系统指导，或为下属提供额外的信息、工具、建议等，通过团队成员能力的不断提升，完成较复杂的团队工作目标
	4级	能运用全局性的资源，为下属创造合适的发展空间，并充当下属的职业生涯发展的“导师”，充分发挥团队优势，运用分级管理授权，使得团队能够高效自主运作，完成全局性工作目标
文化传播能力		理解公司企业文化，并通过会议、文件、口头交流等方式对公司文化进行宣传影响的能力
分级	1级	能充分理解公司的企业文化，并能够用其价值观念要求自己
	2级	能够充分理解公司企业文化及其内涵，并能够践行以及通过言行积极正面影响其他人
	3级	能够把握正确的舆论导向，并能够利用公司各种途径有意识的向其他人员影响和传播
	4级	是公司企业文化的提出者、倡导者和宣传员，是公司企业文化的牵引，善于通过各种渠道向公司内外传播公司的企业文化

续表

基本能力项目		基本能力定义与分级
任务分解能力		根据工作目标、任务要求及相关预测进行工作任务分解，并合理配置各项资源、预先安排各项活动的能力
分级	1级	能合理安排本职工作，有问题及时反馈
	2级	能够合理对指定领域（如管理、营销、技术、财务等）的任务进行分解
	3级	能够有效地对一个或几个领域的工作任务进行分解，预先分配时间及其他资源
	4级	能够全面地制订工作计划，预测准确，对任务执行进行深入分析并及时进行调整
任务实施能力		实施岗位、部门或公司交办或职责范围内的工作任务，有效达到目标的能力
分级	1级	能按时完成上级主管领导交办的各项工作任务
	2级	能利用有效的方法和途径，较圆满地按时完成工作任务
	3级	经常提前完成工作任务，能主动思考并提出有效提高工作效率的建议
	4级	能够充分利用资源，不断创新提高完成工作任务的方法并善于实践总结
督导能力		有效监督与控制工作过程朝着正确的方面进行，确保组织目标及时高效完成的能力
分级	1级	清楚地分配具体的工作项目、任务和职责范围，了解完成该项工作过程所需监控的关键环节
	2级	能根据个人的技能、角色和兴趣等分配工作任务，预先判断关键环节可能出现的问题，能够根据工作进展情况并及时提供必要的咨询和回馈
	3级	能在恰当的时候给予员工或团队辅导，并能够灵活调整员工或团队的工作任务和进度，以应付工作重点的转变
	4级	能够从全局上把握工作进展状况，通过多种形式或管理体系全方位监控工作质量，能够预见并制定出工作重点发生转变时所应该采取的关键策略，并重新配置和协调各种资源以保证完成
跨部门工作能力		根据跨部门流程，组织并协调内外部各种资源，按照既定的目的、任务和形式加以安排，顺利实现工作目标的能力
分级	1级	工作中能够进行基本的人员组织和任务分配，能协调基本的工作关系，完成任务
	2级	工作中能顺利地进行人员组织、任务分配和工作关系的协调，顺利完成任务
	3级	能够根据成员的特长合理组织人员、分配工作，充分调动组织成员的积极性，圆满完成任务
	4级	善于协调工作相关的各方关系，组织跨部门的团队解决疑难问题，并能够组织和完成公司重大任务

续表

基本能力项目		基本能力定义与分级
过程控制能力		有效监督与控制工作过程朝着正确的方向进行，确保组织目标及时高效完成的能力
分级	1级	清楚地分配具体的工作项目、任务和职责范围，了解完成该项工作过程所需监控的关键环节
	2级	能根据个人的技能、角色和兴趣等分配工作任务，预先判断关键环节可能出现的问题，能够根据工作进展情况及时提供必要的咨询和监督
	3级	能在恰当的时候给予员工或团队辅导，并能够灵活调整员工或团队的工作任务和进度，以应对工作重点的转变
	4级	能够从全局上把握工作进展状况，通过多种形式或管理体系监控各方面的工作质量，能够预见并制定出工作重点发生转变时候所应该采取的关键策略，并重新配置和协调各种资源以保证完成
冲突解决能力		有效处理和化解团队成员之间的各种内部矛盾、冲突的能力
分级	1级	遇到矛盾、冲突不知如何解决，常常需要将矛盾提交上级处理
	2级	能够解决矛盾、冲突，但手法显得生硬，有时会对工作产生一定的负面影响
	3级	能够解决已发生的矛盾、冲突，不致对工作产生负面影响
	4级	巧妙地和建设性地解决不同矛盾、冲突，营造和谐的气氛
决策能力		制定策略与实施计划，在适当的时机从多方案中选择最佳方案的能力
分级	1级	能够在上级的指导或协助下做出相关决策
	2级	能够对下属提出的一般性建议进行决策或能向上级提供一般性合理的决策建议，能考虑决策所需要重要因素
	3级	能够对下属提出的重要建议进行决策或能向上级提供重要的合理决策建议，并能对影响决策因素进行全面分析，决策较为准确
	4级	能够在复杂的情况下对全局性的工作做出决策，决策准确
危机处理能力		及时对危机情景做出反应，解决相关的有关问题，最大限度地降低危机危害性的能力
分级	1级	发生危机时能迅速处理，阻止危机扩大化
	2级	能够及时将有关信息传递给必须迅速对危机做出反应的人，确保危机带来的损失降为最少
	3级	能提前觉察到潜在的危机并采取相应的预防措施
	4级	能够进行有效的危机预防，一旦发生危机，能够迅速做出正确决策，并能从经验中学习，防止同类事情的再次发生
人际理解能力		对信息的理解力和领悟力，对事物或别人思想的把握能力
分级	1级	对人际群体的基本信息有较客观的认识
	2级	对人际群体的主要信息有较客观地分析，并能把握别人的思想

续表

基本能力项目		基本能力定义与分级
分级	3级	对人际群体的各种复杂信息进行较全面客观地分析，能够比较准确的把握别人的思想
	4级	对人际群体的各种显性和隐性信息都能够准确把握，并能通过口头或书面形式清晰表达出来
分析判断能力		通过归纳、演绎、推理等分析方法，将事物、现象、概念分门别类，分析出本质及其内在联系，并做出正确判断的能力
分级	1级	在问题解决的过程中，能利用正确的逻辑推理进行判断
	2级	在问题解决过程中，能从不同的角度来分析问题，做出的判断通常是正确的
	3级	在问题解决过程中，预见和寻找各种问题和因素之间的相互关系，做出的判断通常都是正确的
	4级	在问题解决过程中，能全面考虑对解决问题有影响的各种因素，做出的判断几乎都是正确的
沟通能力		通过口头方式表达、交流思想的能力
分级	1级	能够为工作事项进行联系或相互简单口头交流
	2级	能够与他人进行较清晰的思想交流，能够抓住重点，让别人易于理解
	3级	沟通技巧较高，有较强的说服力和影响力，同时有较强的感染力
	4级	沟通时有较强的个人魅力，影响力极强，有很强的感召力
谈判能力		在谈判过程中正确理解对方观点、关注的利益，运用谈判技巧维护本方利益、达成谈判目标或寻找双赢方案的能力
分级	1级	在谈判过程中善于表达并坚持本方的观点和利益，基本能实现本方谈判目标
	2级	在坚持原则的前提下，具有相当的灵活性，善于表达并维护本方的利益，能较好地实现本方谈判目标
	3级	在谈判过程中能快速识别对方的谈判风格，并以此适当调整本方的谈判风格，谈判结果超出本方预期目标
	4级	在谈判过程能准确把握对方的观点，洞察其所关注的利益，善于挖掘双赢的解决方案，实现互利与双赢
应变能力		应对挫折、逆境及突发性事件的能力
分级	1级	面对各种限制、挫折、逆境，具有充分的灵活性
	2级	在局势不明朗的情况下，能够根据回馈信息和经验及时调整行为及策略
	3级	面对紧迫的情景和压力，能够很快调整自己的心理和行为，并有效地推进工作
	4级	面对紧迫的情况和压力，能很快地调整自己的心理和行为，并能把握出现的机会有效处理危机

续表

基本能力项目		基本能力定义与分级
抗压能力		承受压力，将压力转化为动力的能力
分级	1级	在各种压力的环境中保持乐观平和的心态
	2级	在压力环境中，始终关注最终目标的实现
	3级	在危机出现时，能很快认清形势，找出解决方案，稳定军心
	4级	能预见危机，并采取必要的措施预防危机的产生，顺利实现终极目标
适应能力		在不同的环境下，与不同的个人或团体工作时表现出来的适应与绩效目标达成的能力
分级	1级	能够客观看到事实情况，能够认识到别人观点的有效性与可取性
	2级	针对环境变化或他人的反应能够调整工作技巧，改变个人行为或方法以适应环境
	3级	能接受环境的含糊性和不确定性，并能很快地调整自己的行为，以把握出现的机会或处理危机
	4级	能接受和吸收新的工作方法和程序，在不同的环境中、不同的个体或群体面前，都能有效地完成工作任务
信息收集能力		根据工作的需要，不局限于眼前现有的资料，主动花费力气通过各种方法收集各类相关信息的能力
分级	1级	面临困难任务时，想到要尽可能收集多方面的信息来解决问题；直接询问相关知情人员，获得现成的信息来源，并花时间汇集整理
	2级	接触其他尽可能多的渠道或对象，获得他们的观点、背景资料及经验等各种相关或潜在相关的信息；不满足于表面信息的获得，能深入询问，挖掘问题的核心和真相
	3级	建立相关的信息收集系统，通过系统的正式研究渠道（如网络、报纸、杂志等）来获取信息；对收集到的信息进行系统分类、整理和保存
	4级	形成收集信息的习惯，建立起能够长期运作的信息收集系统；长期不间断地使用自己的系统方法收集信息，并不断挖掘未来可能的潜在信息和信息收集途径
周密思考能力		周密思考及战略性思考问题的能力
分级	1级	能根据多方面搜集的信息，确定问题解决的重点、难点，并采取有效的措施
	2级	在解决问题和做决策时，能够综合考虑多方面的因素，思考问题具有一定的周密性
	3级	在解决问题和做决策时，能够综合考虑各方面的因素，思考问题具有较强的周密性，并能觉察成功的战略性机会，转移工作重点
	4级	思考问题具有极强的周密性，并能在战略的高度把个人的主动性和组织的目标结合起来

续表

基本能力项目		基本能力定义与分级
演绎推理能力		对事物进行因果逻辑分析，并对结果进行检验的能力，通过把一个事物分解成若干部分，或通过层层因果关系描述其内在联系的方式来理解该事物
分级	1级	注意并分析事物内在的基本关系，能分析问题中几个部分之间的关系，判断简单的因果关系，按重要性排列任务的次序
	2级	注意并分析事物多层面的关系，用系统的方法将一个复杂的问题分解为几个可以处理的部分，注意分析问题中若干部分之间的关系及若干可能的目标与行动结果。通常要预期可能遇到的障碍，提前对下一步行动进行思考和准备
	3级	做出复杂的计划和分析。系统地将一个复杂的问题分解为几个部分，使用各种方法将复杂的问题简单化并加以解决，分析各个部分之间的因果关系
	4级	做出非常复杂的计划和分析。系统地将一个复杂的多层面的问题分解为若干个部分，运用多种分析方法和技巧，制定多个解决方案并权衡各种方法的优劣
归纳分析能力		由部分结合形成整体来认识事物的能力，在面对复杂的问题或现象时，能够发现和掌握关键问题所在，或者分析问题有独到见解
分级	1级	面对不同的现象和问题，可以认识到不同事物（如所面临的情况与以前经历过的情况）之间的相似之处
	2级	利用学习到的理论知识以及在处理其他问题时取得的经验，对现有问题进行整体分析和处理
	3级	面对复杂情况时，能将各种观点、问题和搜索到的数据归纳提炼出核心的观点或简洁的结论
	4级	在处理问题时，能够用自己创造的概念来反映各个事物间的内在联系并指导问题的解决；在处理问题中能够发现别人没有发现的关键点，透过表面，深入问题的本质，总结出规律
解决问题能力		独立处理工作中所遇到的各种问题，找到解决办法，解决问题的能力
分级	1级	问题发生后，能够积极主动去思考问题解决的方法
	2级	问题发生后，能够分辨关键问题，找到解决办法，并设法解决
	3级	对重大问题，能够准确分析问题的原因，能够找到解决问题的突破口
	4级	能迅速理解并把握各种重大复杂的事物的本质，能够快速找到问题的突破口，并能够制定问题预防的策略
人际交往能力		与他人相处、建立互相信任、协作关系的能力
分级	1级	能够与他人相处，建立正常的工作关系，相处较为融洽
	2级	通过努力，能够与他人建立信任关系
	3级	与他人协作顺畅，能够与他人建立可信赖的长期关系
	4级	易与他人建立可信赖的战略性合作关系

续表

基本能力项目		基本能力定义与分级
学习能力		在工作过程中积极获取与工作有关的信息和知识，对获取的信息和知识进行加工和整理，并就工作经验与技巧与他人讨论与分享，从而不断地更新自己的知识结构，提高自己的工作技能
分级	1级	满足于自己已有的知识结构与内容，不愿意更新自己的知识内容与结构，同时在工作中也不愿意与他人进行经验与专业知识的交流
	2级	在工作中能够在上级的要求和督促下参加培训与经验交流活动，但如果采取自愿报名参加的方式时多数情况下不会主动报名参加
	3级	能够根据自身需要主动制订自己的学习目标与学习计划，并采取行动实现学习目标以提高自身能力水平，并且在工作中愿意与他人在工作经验方面进行沟通交流
	4级	能够通过知识、经验共享等活动来组织群体性的学习，实现团队成员的共同成长与进步
口头表达能力		口头与人沟通能够清楚地表达自己的意图和观点
分级	1级	需要基本的口头表达能力，能与工作往来人员正常语言沟通
	2级	口头表达能抓住要点，表达意图、陈述意见不需要重复说明
	3级	口头表达思路清晰，能较容易表达清楚自己的想法
	4级	口头表达简明扼要、易于理解，具有出色的谈话技巧
书面表达能力		能够清楚并规范地以文字形式表达自己的意图、观点或领导要求，包括格式、行文规范、语句、文法等
分级	1级	了解各种文件格式，能够负责简单文件的起草
	2级	熟悉各种文件格式，基本能表达清楚主要意图并达到领导要求
	3级	掌握各种文件格式，行文规范，能够比较准确地表达意见和要求
	4级	能够熟练运用各种文件格式，表达清晰、简洁，行文规范、文法通畅、文笔优美
计算机应用能力		运用电脑进行有效工作的能力，包括打字速度、常用办公软件使用的熟练程度
分级	1级	能使用计算机进行文档处理，如使用 WORD、POWERPOINT、EXCEL 等
	2级	在1级的基础上，能使用计算机进行网上操作，如收发电子邮件、浏览、检索等
	3级	在2级的基础上，能使用计算机进行数据分析和处理，如 ACCESS、统计分析软件等
	4级	能借助计算机来完成专业性工作，如进行财务分析、绩效管理、CAD 等
专业能力		搜集外部最佳实践，在客观数据、事实的基础上，结合专业洞察，从整体和长期的角度出发，形成可实现、可推广的专业职能方案，提供专业建议和决策支撑

续表

基本能力项目		基本能力定义与分级
分级	1级	（1）独立收集并分析信息，发现问题或差距 （2）对常规问题运用专业方法与知识技能进行分析，能够提出多个解决方案供选择
	2级	（1）通过讲解与演示，指导他人专业分析；将大的、复杂的问题分解为小的、可以解决的问题 （2）通过经验总结与提炼，提出针对复杂问题的最佳解决方案
	3级	（1）建立或优化系统的专业分析方法与体系，指导专业/业务团队进行应用 （2）把握复杂问题的关键点，提出创新的分析与解决思路，牵头组织中大型团队进行专题攻关
	4级	（1）面对复杂业务问题时，设定整体最优的分析方向或解决路径，在过程中指导多个专业间的协作配合 （2）被视为行业级的专家，能够提供前瞻性、系统性的解决方案，并取得成效
自控能力		控制自己的情绪，特别是遇到压力和挫折的时候依然能够从容面对
分级	1级	当产生挫折或压力等情绪后，仍然可以控制自己的情绪，但是没有采取进一步的具有建设性的行动来缓解挫折与压力
	2级	当产生挫折或压力等情绪后，可以控制自己的情绪，并能保持冷静继续进行讨论或者采取其他方法处理自己的情绪
	3级	能够使用压力管理技巧来控制自己面对压力与挫折时的情绪，避免崩溃，有效排解压力
	4级	在压力非常大的情况下，能够控制自己强烈的情绪或压力，并采取行动针对产生压力或阻力的来源正面处理这些问题

第六章 素养要素开发

一、核心素养要素开发

二、基本素养要素开发

三、素养要素词典

根据冰山素质模型理论我们发现，仅有工作要素、知识要素、能力要素还不够，正如前国足主教练米卢所说，态度决定一切。是的，态度也是冰山素质模型的重要组成部分，当然，我们这里所说的素养不仅仅只包括态度，态度只是职业素养的组成部分。因此，在做任职资格标准开发的过程中，除了前文提到的工作要素、知识要素和能力要素之外，企业还需要对不同职位族、职系所需要的素养要素进行开发。

有些人狭义地把素养理解为态度。然而，冰山素质模型当中提到的素养是态度、自我意识、个性特征的集合，素养反映出一个人在无人监督状态下的工作习惯，会通过潜意识约束人的行为，也就是说素养跟一个人自觉自发的工作状态有直接关系。

根据维基百科释义，素养是一种习惯、准备，一种准备就绪的状态，或一个特定行为方式的倾向。比如有些人喜欢有挑战的工作；有些人做事坚忍不拔，不达目的誓不罢休；有些人具备诚信的品格，等等，这些要素将直接决定他的行为方式和工作成果。

伊利诺伊大学名誉教授罗伯特·恩尼斯把素养定义为具体条件下做某事的倾向。恩尼斯认为，培育素养应与反思并行。换句话说，在恰当条件下，素养并不是自发的。

斯蒂芬·诺里斯将素养定义为在特定情境下的特定思维倾向。

为了阐述素养的基本心理学思想，帕金斯、杰伊和蒂什曼提出“素养三元概念”（图 6-1）。他们给出了素养引发行为发生的三个逻辑上不可缺少的心理学成分：

（1）敏感性——对特定行为的适当感知。

（2）倾向性——有做出某个行为的冲动。

（3）能力——做出行为的基本能力。

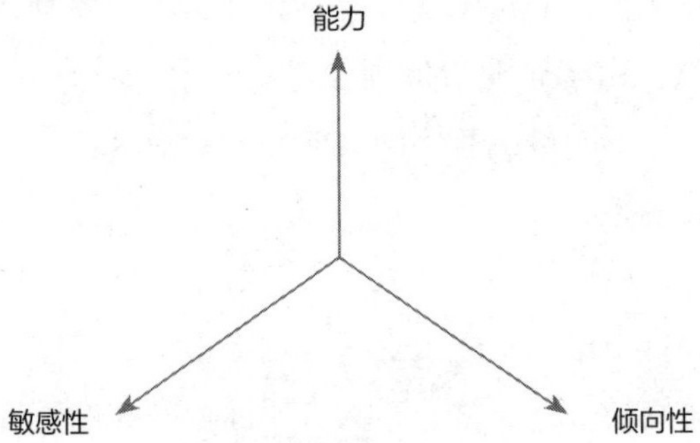

图6-1　素养三元概念

根据我们的实践，我们将素养要素分为核心素养、基本素养两大类，其中，核心素养来源于企业文化，而基本素养是对一个人最基本品行的要求。如企业倡导诚信、创新、协作、简单的企业文化，那么这些文化需要转化为对全体员工素养的具体要求，这些要求在不同企业中会存在较大的差异。而基本素养则来源于岗位对任职者的基本要求，如销售职系需要服务意识、客户导向、成就导向等基本素养；质量检验职系需要责任心、服务意识、敬业精神、正直等基本素养；财务职系需要责任心、关注细节、服务意识等基本素养。

一、核心素养要素开发

前文已经提到，核心素养来自企业文化，既然如此，核心素养要素开发就要从剖析企业文化开始。

企业文化是回答企业如何与外部共融、内部共生的一套经营哲学，它需要回答"企业是什么""企业为什么存在""企业未来需要成为什么""为了实现企业目标大家需要共同遵守什么理念，这些理念包括客户服务理念、员工成长理念、产品理念、价值分配理念、企业公民、社会责任等"……也就是说，企业文化明确地告诉员工在本企业需要具备的思维倾向、状态和习惯。

比如华为倡导的"以奋斗者为本"、腾讯倡导的"正直、进取、协作、创造"、OPPO 倡导的"本分"，不同企业都有自己的价值理念，这些价值理念也就成为对员工的素养要求。

核心素养是企业文化核心价值理念与本企业员工需要具备的思维倾向、状态和习惯的结合。当然，由于企业价值理念（对社会、对员工、对客户、对企业）不同，相应地也就会对不同员工有不同的核心素养要求。

1. 理解企业文化内核

企业文化就如同人的性格，每个人的性格都不一样，有些人外向，有些人内向，有些人喜欢跟人打交道，有些人更喜欢琢磨事情，有些人思维缜密，有些人更喜欢根据自己的喜好做事，总之，千人有千面。同样的道理，每家企业的文化也是不同的，有些企业主张狼性文化，有些企业主张工匠精神，有些企业倾向冒险，有些企业的文化具有个人英雄主义色彩，有些企业主张团队协作，有些企业主张奉献，有些企业主张同创共享，有些企业主张慢慢晋升，有些企业主张创新谋发展，还有些企业主张赛马……总之，不同的企业其文化价值主张是不同的。由于企业文化具有极强的导向功能、凝聚功能、辐射功能及激励功能，因此，围绕企业文化价值理念开发出来的核心素养要素就成为每家企业独有的。

如表 6-1 所示，企业文化从内核扩展开来，共分为 4 个维度（企业维度、社会维度、客户维度、员工维度）、4 个层次（内核层、精神层、行为层、标识层）。在不同维度都有精神层面的价值理念、行为层面的行为准则以及标识层面的外在表现。这些价值理念、行为准则就是企业对员工的具体要求，总结起来就是我们所说的核心素养要素。

表6-1　企业文化基本构成

层次维度	内核层	精神层	行为层	标识层
企业维度	公司使命、公司愿景、公司精神	发展理念、发展目标、经营宗旨、人本理念	基本法、企业发展战略、年度经营计划、管理制度、道德规范、奠仪规范	办公环境、企业LOGO、司旗等
社会维度		质量观、公德观、法律观、环保观、社会责任、企业公民	公益活动、光彩事业、品牌传播策略、企业公民	品牌形象、社区形象、社会形象等
客户维度		市场观、竞争观、服务观、诚信理念	客户满意管理、客户服务规范、客户投诉处理规范	服务形象、红地毯服务、客户服务热线等
员工维度		工作观、人才观、利益观、选才观、用才观、育才观、留才观、成就观	员工行为规范、激励奖罚规范、员工培训规范、团队管理规范、员工行为高压线	工服、员工精神面貌等

如上表所示，企业文化的精神层、行为层、标识层都是从内核层延展出来的，因此在进行核心素养项目开发之前，必须充分理解企业文化内核。

2. 深度理解企业文化模式、文化氛围

在充分理解企业文化内核的基础上，为了准确把握精神层面每一项理念的核心思想，我们还需要深度理解企业文化模式、文化氛围基调。

每家企业所处的行业不同、地域不同、领导人的理念有异，这都是很正常的，即便是相同的行业、同一地域企业文化模式和文化氛围基调也会存在差异（表6-2、表6-3）。

表6-2 常见企业文化模式

模式类别	模式特点	适用范围
在企业家领导下的企业家群体文化体系	借鉴美、日、韩等国家的企业文化先进经验，结合中国海尔、联想、华为、万科的实践，展现企业家的价值取向、道德情操、睿智胆识，突显企业家的形象力和感召力，建立企业家群体文化的优势	（1）企业家的文化力有待形成 （2）推行企业文化受到传统观念束缚 （3）企业高层理念需要高度统一 （4）企业核心理念、企业价值观亟须统一整合
以客户为中心的企业文化服务体系	树立“客户至尊”“超越客户期望”“客户是上帝”的服务观念，规范员工的服务礼仪；丰富服务手段，提升服务质量，完善服务系统，疏通服务渠道，提高企业在社会的亲和力和美誉度	（1）企业确立以服务取胜市场 （2）企业服务影响企业形象 （3）企业员工服务观念、服务态度需要转变 （4）企业服务手段、服务质量需要丰富、提升 （5）企业的服务系统不健全、服务渠道不畅通
以人为本的全员素质文化体系	遵循“以人为本”的原则，着重挖掘员工的素质和潜能；增强企业的凝聚力，提高员工的忠诚度，激发员工工作的积极性、创造性和团队协作的精神，激活企业内部驱动力	（1）企业缺少凝聚力 （2）企业员工的忠诚度需要提高 （3）企业的团队精神需要提升整合 （4）企业缺少动力，亟须增添活力
以质量为根本的企业文化体系	宣贯“质量是企业的生命”，将文化管理渗入质量管理之中，不断提高员工的质量观和全员质量意识，严格遵守国际质量认证，全面提升产品质量	（1）企业产品质量严重滑坡 （2）因产品质量致使企业受到损害 （3）把质量视为企业生存与发展为决定因素 （4）推行ISO质量管理体系遇到阻力 （5）产品质量需要制定新标准、新策略、新方案
以企业形象战略为重点的企业文化体系	整合或重塑企业形象，制定先进的企业理念和操作性强的行为支持体系，以文化提升企业形象的附加值，增强企业形象的亲和力和感召力，提升企业的知名度和美誉度	（1）企业形象亟待提高 （2）需依靠企业形象占领市场，以形象制胜 （3）企业原有的形象需要更新、统一 （4）企业制定、实施名牌战略

续表

模式类别	模式特点	适用范围
以科技开发为核心的企业文化体系	突显以“市场促进科技开发，科技开发引导市场”的观念，培养和提升员工的科技领先意识；体现企业尊重知识、重视人才的思想，集合人才资源，建立科研型和创新型的团队	（1）高新技术成为企业发展的瓶颈 （2）企业重视并确立科技开发是第一生产力 （3）企业对原有技术产品不满意，科研制约了企业进步 （4）新产品不能满足市场需求 （5）企业的产品文化含量不高，或需形成文化系列产品
以市场为中心的企业营销文化体系	确立以“市场为导向，顾客为中心”的现代营销理念，树立员工的市场观、竞争观和服务观，提升员工把握市场的技能；优化和完善营销体系，制定销售方略，不断扩大市场的份额和占有率	（1）买方体系影响了销售业绩提高 （2）营销组织架构欠佳、运行不畅 （3）企业营销观念急需创新、整合 （4）销售环节协调不利 （5）市场服务需要改进
以生产为重心的企业文化体系	培养和提升员工的效率意识，规范员工行为，实现有效的时间管理，改善现场管理和生产环境，改进工艺，降低成本，提高劳动生产率和产品产量，以期不断满足市场的需求	（1）企业产品不能满足市场需求 （2）顾客需求量增大，企业规模扩大 （3）企业生产环境亟待改善 （4）企业生产管理水平亟须提高

表6-3　常见企业文化氛围

氛围类别	氛围特点	适用范围
智慧型	（1）善于集合智慧、组织资源 （2）尊重知识、重视人才 （3）具有长远的战略目标，科学的战术策略	（1）企业目标不清晰、战略思想不明确 （2）管理技能不佳，人才资源未能得到充分发掘
形象型	（1）企业形象统一，富有市场性、时代感 （2）员工行为文明规范，具有现代企业人的气质 （3）注重塑造企业在社会的知名度和美誉度	（1）企业视觉识别系统陈旧、不统一 （2）品牌知名度、美誉度低 （3）员工形象不佳，行为散漫、不规范
创新型	（1）创造性地继承和发扬企业传统 （2）勇于打破常规、敢于承担风险	（1）员工安于现状、墨守成规 （2）企业管理层闭塞视听，缺乏创新，不思开拓

续表

氛围类别	氛围特点	适用范围
竞争型	（1）无论团队还是个人都有强烈的危机感和忧患意识，积极进取、勇于开拓、富有激情 （2）企业驱动着新的现代竞争意识	（1）员工缺少危机感、缺乏竞争意识 （2）企业缺少核心竞争力
奉献型	（1）敬岗爱业 （2）具有强烈的企业责任心和使命感 （3）勇于担当重任，凡事以全局为重，以企业的利益、荣誉为出发点，不计较个人得失	（1）员工以个人利益为中心，缺乏主人翁意识 （2）工作消极、推诿，怠工现象严重
学习型	（1）善于学习、终身学习 （2）不断摄取新知识，掌握新技能 （3）互动研讨，共同提升与进步的学习型组织	员工业务技能不良、观念陈旧、故步自封、不善学习、不思进取
凝聚型	（1）企业具有强大的吸引力、向心力和亲合力 （2）企业员工具有同一的核心理念和企业价值观 （3）团队协作精神强、员工相互关爱、有难同帮	企业人心涣散、各自为大、没有共同的核心理念与企业价值观，缺少团队精神

综合表 6-2、表 6-3 可以看到，不同企业文化模式、文化氛围其特点及适用对象是不同的，因此在核心素养规划与甄别之前，还需要对企业文化模式、文化氛围进行深度研究，充分理解其核心要义，这样便于提炼核心素养及准确定义核心素养。

3. 核心素养规划与甄别

在充分理解企业文化内核、企业文化模式、文化氛围之后，我们就可以进行企业精神层面文化理念的提炼了，理念文化是企业内核文化的延伸，是指导员工思维和行动的价值观和信条，企业理念文化主要包括企业理念、社会理念、顾客理念、人才理念等。

（1）理念文化提炼方法。理念文化内容比较多，在提炼和塑造时应该根据不同的内容采取不同的方法，常见的方法有：名义群体法、头脑风暴法、集中研讨法、网络会议法、资料筛选法、调查问卷法等。

（2）理念文化表达方式。理念文化的表达也有很多种方法，如箴言式、品名式、人名式、厂名式、经验式、比喻式、概括式、故事式、艺术式等。企业在选择理念文化表达方式时需要把握突出企业个性、风格一致、立足现实并着眼企业未来、简练易懂的原则。

【案例 6-1】深圳信睿科技核心素养项目规划（表 6-4）

表6-4 深圳信睿科技核心素养规划及行为标准

核心素养	核心素养定义	核心素养行为标准
用户第一	（1）“用户”指产品使用者、客户和下道工序的部门或同事 （2）用户是我们的衣食父母，他们提出的意见和建议是我们进步的动力；我们尊重每一位用户，追求为每一位用户创造一流的体验 （3）客户是我们成长过程中的重要战略伙伴，是我们向用户传递价值的重要纽带；我们必须为客户创造价值，与客户共同发展 （4）在公司内部，工作流程中下道工序是上道的内部用户，为内部用户服务并创造价值，是每个部门的首要责任	（1）按照下道工序的期望，开展和完成工作 （2）尊重公司相关合作者，礼貌热情，积极支持完成相关工作 （3）积极面对用户抱怨、投诉及建议，不推诿责任，在坚持公司原则的基础上达到多方满意 （4）站在用户的立场，前瞻性预见用户需求，预防可能引起的危机事件 （5）在条件许可下，用持续不断的实际行动，创造超出用户期望的价值
追求卓越	（1）敬业是追求卓越的基本保证，拥有敬业精神的人，将获得公司的尊重 （2）追求卓越，就是抱着认真负责的态度，服从公司的安排，克服各种困难，做到善始善终 （3）追求卓越是不断提出并实现具有挑战性、超越性的目标，今天最好的表现就是明天最低的要求 （4）卓越是在平常工作中持续改善、日积月累而成的；把简单的事情正确地做10000 次就是卓越	（1）认真履行本岗位职责，上班时间只做与工作有关的事情 （2）积极接受各项任务，日事日毕，不敷衍了事、不找借口、不推诿责任 （3）不满足现状，日清日高，追求更好的工作结果 （4）持续学习，自我完善，对人对事严格要求，努力影响他人坚持不懈地实现目标 （5）提出并实现具有挑战性、超越性的卓越目标

续表

核心素养	核心素养定义	核心素养行为标准
团队合作	（1）群狼斗得过猛虎，团队力量大于个人力量；个人利益服从于团队利益，团队利益服从于公司利益，团队合作是实现公司目标的基础 （2）团队合作的意义在于充分发挥每个成员的特长和主观能动性，相互取长补短，形成最大的合力 （3）团队合作的基础是成员之间的相互信任、坦诚开放，以及每个成员都积极主动地为实现团队目标贡献自己的力量 （4）团队成员之间的和谐关系，并非等同于一团和气，在“对事不对人”的原则上提出合理化建议，更有利于团队成长	（1）善于和不同类型的同事合作，不将个人喜好带入工作，充分体现“对事不对人”的原则 （2）积极主动分享业务知识和经验；主动给予同事必要的帮助；善于利用团队的力量解决问题和困难 （3）决策前积极发表建设性意见，充分参与团队讨论；决策后，无论个人是否有异议，必须从言行上完全予以执行 （4）有主人翁意识，积极正面地影响团队，改善团队士气和氛围
拥抱变化	（1）世上唯一不变的就是变化，变化创造机会，拒绝变化等于放弃发展机遇 （2）变化的核心目的是提升公司竞争力 （3）拥抱变化的核心是打开心门、突破原有的心智模式，积极面对变化带来的压力和挑战 （4）被动改变迟早被淘汰，率先变革方能立足潮头	（1）接受公司的日常管理变化，不抱怨 （2）拥护公司变革，对变革带来的不适应予以积极调整 （3）成为变革的推动者，并正面影响和带动同事 （4）有危机意识，根据内、外环境的变化，主动变革 （5）具有前瞻性思维，创造能提升公司竞争力的变化
诚信	（1）诚信指正直坦诚、说到做到，对自己讲的话承担责任 （2）诚信是人的基本品质，是公司成为百年老店的基石，是公司的行为高压线 （3）公司鼓励每位员工坦诚相待，拒绝为了表面上的和谐而掩盖真相或回避矛盾 （4）公司倡导实事求是的工作作风，以事实和数据说话	（1）不弄虚作假，不接受他人的贿赂 （2）不传播未经证实的消息，不背后不负责任地议论事和人 （3）实事求是，用事实和数据，通过正确的渠道和流程表达自己的观点 （4）诚实正直，言行一致，勇于承认错误，敢于承担责任，不受利益和压力的影响 （5）表达批评意见时提出相应建议，直言不讳 （6）对损害公司利益的不诚信行为严厉制止

续表

核心素养	核心素养定义	核心素养行为标准
激情	（1）激情来自坚定的信念、对实现目标的渴望、对组织的认同、对工作的热爱 （2）激情可以传递能量、振奋士气、凝聚团队、提高战斗力 （3）激情不是一时冲动，是长期坚持和持续体现的精神状态 （4）充满激情的人主动找方法，相信“办法总比困难多”，永不言弃	（1）喜欢自己的工作，认同公司文化 （2）不断自我激励，积极面对困难，努力提升工作绩效 （3）碰到困难和挫折的时候永不放弃，不断寻求突破并获得成功 （4）努力为团队增添活力，主动激发同事及团队的工作热情
专业	（1）专业指具备较强的专业知识、技能和伦理观念，为用户创造一流体验 （2）专业最关键的是要不断创新，是他人无法超越的核心竞争力 （3）专业是通过严格的流程和标准、严谨的制度和规范、有效的计划和沟通来体现的 （4）公司要体现整体的专业水平，不仅仅是产品技术、质量和市场能力，还包括每个岗位上的专业支持和服务	（1）熟练运用所在岗位的专业知识与能力，严格遵守制度，顺利解决工作中的实际问题 （2）努力提升所在岗位的专业知识与能力，不断学习和尝试，工作绩效有所提升 （3）专注于本专业领域，精益求精，具备永不疲倦的好奇心和进取心，工作绩效有很大提升 （4）能够培养专业人才，打造专业团队 （5）在本专业领域取得突破性成果，对公司发展产生重大影响
高效	（1）高效就是以最少的资源，达成目标，并为用户创造一流体验 （2）资源永远是有限的，管理人员的天职就是要将资源进行优化配置 （3）时间是最稀缺的资源，合理配置时间是实现高效的基础，浪费时间是最大的浪费 （4）业绩优秀的人能够使用现有资源达成目标，业绩卓越的人能够在资源不足的情况下完成或超额达成目标	（1）遵循工作流程，在规定的时间内完成工作任务 （2）快速反应，合理安排时间，根据轻重缓急计划工作，做正确的事 （3）提出的改善建议被公司采纳 （4）在资源合理的情况下，通过计划超额达成预期目标 （5）在资源不足的情况下，通过计划完成或超额达成目标

4. 核心素养定义与分级

核心素养要素识别出来后，还需要根据企业的实际对每项素养进行定义与分解（基本素养类似，后文不再赘述）。核心素养的定义模式与核心能力相类似，核心能力是基于企业战略的，需要根据结合战略定义，而核心素养是基于企业文化的，需要根据企业的文化理念定义。

【案例 6-2】不同企业核心素养定义对比

不同企业的核心素养不同，即便是相同的核心素养项目，其内涵也可能存在较大差异，下面举例说明（表 6-5、表 6-6）。

表6-5 不同企业对创新的定义对比

企业	定义
A企业	定义：打破常规，创造可能 （1）创新指不受陈规和以往经验的限制，创造出新观念、新方法和新事物 （2）不断学习是提高创新能力的唯一途径，实践是检验创新是否有效的唯一标准 （3）公司支持员工创新，鼓励员工从创新中总结经验；害怕犯错而不敢尝试创新的人，绝不是一个合格的员工 （4）创新无小事，只要是基于提高工作效率和提升产品价值的行为，就是有利于增强公司竞争优势的创新行为
B企业	定义：善于学习，勇于创新 （1）善于学习：提倡在工作中学习，在学习中工作。工作的过程就是不断学习的过程，要积极向同事学习，向客户学习，向同行学习，向国内外先进的企业学习；要努力通过各种途径进行自学，珍惜公司每一次培训和学习的机会，参与公司的合理化建议活动；要学以致用，理论联系实际，把学到的知识和技能充分运用到工作之中 （2）勇于创新：既要严格执行既有的工作流程，又不能拘泥于条条框框搞教条主义，要尝试新的方法和思路，敢于怀疑与否定，敢于探索新方法、新思路；善于多向思维，不断提出新的创意，并大胆尝试，付诸行动，尽快把创意转化为成果
C企业	定义：创新是企业发展的源泉 （1）我们积极支持员工的创新思想和创新行动，鼓励员工能够从错误和失败中总结经验，并宽容地对待因为创新带来的失败 （2）我们坚决反对那些故步自封、墨守成规的观念和风气，害怕犯错而不创新的人绝不是一个合格的员工 （3）我们鼓励那些在本职工作中追求创新的行为，无论事大事小，只要是基于提高工作效率和提升产品价值的行为，就是有利于增强公司竞争优势的行为 （4）公司提倡人人参与合理化建议活动，它是公司鼓励创新的最基本的活动。对于那些积极开展合理化建议活动的团队和个人，公司尽力提供相关的资源，并对取得效益的项目给予奖励

表6-6 不同企业对诚信的定义对比

企业	定义
A企业	定义：正直坦诚，说到做到 （1）诚信是人的基本品质，是公司成为百年老店的基石，是公司的行为高压线 （2）公司鼓励每位员工坦诚相待，拒绝为了表面上的和谐而掩盖真相或回避矛盾 （3）公司倡导实事求是的工作作风，以事实和数据说话
B企业	定义：尽职尽责，诚心善意 （1）做好部门及岗位赋予的各项职责，并用100分的标准严格要求自己的行为 （2）无论是内部客户还是外部客户，都要做到超越客户诉求和期望
C企业	定义：说实话，干实事 （1）树立以诚待人的观念，说实话，干实事 （2）按要求和规程，保质保量完成任务，对目标负责，维护公平与信任 （3）贯彻诚信经营的理念，守承诺、践使命，塑造诚信品牌

同样，企业完成对核心素养的定义后，还需要根据需要对每项核心素养进行分级（表6-7）。

表6-7 核心素养分级标准

分级	分级标准
1级	自我管理：能够约束自己的行为，按照公司核心素养要求开展工作
2级	模范标兵：严格按照公司素养要求开展工作，尽心尽职做好本职工作
3级	学习榜样：成为团队成员学习的榜样，典型事件经常被团队内部传颂
4级	团队影响：通过自己的素养表现，影响周围的人按照公司文化行事
5级	企业典范：具有非常好的人格魅力，是公司文化的使者、道德模范，是企业树立的典范

二、基本素养要素开发

基本素养是指不同职位族或者职系为了履行本职工作（职责或角色）必须具备的一些最基本思维倾向、状态和习惯。基本素养不像核心素养那样有极强的文化导向，这些基本素养只是一些员工都必须具备的基本素养条件，如客户导向、服务意识、流程意识、责任心、主动性、诚信、廉洁等。

与前文提到的基本能力开发方法相类似，基本素养常见的方法有行为事件访谈法、关键绩效分析法、标杆分析法、问卷调查法，这些方法前文已有介绍，在此不再赘述。

下面我们简单介绍另外一种方法——专家小组研讨法。这种方法是指邀请目标职位族或者职系上的绩优者或外部专家，基于工作任务清单或关键绩效指标、关键行为标准等进行工作分析的结果。该方法可分为以下五个步骤进行：

（1）列出工作任务清单，确定关键绩效指标，识别影响关键绩效的行为标准。

（2）邀请专家对完成每项任务清单需要具备的素养项目进行识别。

（3）从出现频率较高而且影响度较大的项目中筛选各个职位族或者职系需要具备的基本素养项目。

（4）对各项基本素养项目进行重要性评价与排序。

（5）对各项基本素养项目进行定义、分级，如有必要还可以按照职位族或者职系定义行为标准。

三、素养要素词典

虽然各个企业的文化差异很大，但为了读者朋友对核心素养有一个全面的认知，我们整理了一些常见的核心素养要素、基本素养要素供大家参考。

1. 常见核心素养词典（表 6-8）

表6-8　常见核心素养词典

核心素养项目	核心素养定义
快速响应	（1）让客户或伙伴第一时间知道我是否明确了请求，是否在行动，什么时间完成，是否完成 （2）在协作中，每个人都快一步，则整个系统会快很多步
敬业精神	（1）敬业爱岗，能够遵照工作职责与岗位规范、制度等要求完成和改善工作 （2）自觉得维护公司利益与形象，不计得失付出自己的努力和贡献

续表

核心素养项目	核心素养定义
服务意识	（1）能够对客户的要求做出迅速而有效的反应，及时采取针对性的措施以满足客户需求 （2）能够经常与客户保持沟通，征求客户对自己工作的意见，并根据客户反馈意见，能采取有效改进措施，不断改进工作质量
流程意识	（1）以身作则，树立流程、制度的权威性，具有极强的执行流程、制度的坚定信念，对不符合公司流程、制度规定的事项坚决反对，不予认同 （2）以流程客户满意为准则，自觉强化流程化、模板化的工作观念，并根据流程目标不断对流程进行优化与再造
安全意识	（1）严格执行安全操作规程，在工作中自觉采取并监督同事采取必要的安全措施 （2）在生产活动的各种各样有可能对自己或他人造成伤害的外在环境条件下保持一种戒备和警觉的心理状态
质量意识	（1）能够严格遵守岗位的流程制度，执行规范程序 （2）工作一丝不苟，追求尽善尽美 （3）能主动征求客户的意见，根据反馈改进自己的工作，以满足客户需求为标准，不断提升工作品质和经济效益的最优化
拥抱变化	（1）世上唯一不变的就是变化，变化创造机会，拒绝变化等于放弃发展机遇 （2）变化的核心目的是提升公司竞争力 （3）拥抱变化的核心是打开心门、突破原有的心智模式，积极面对变化带来的压力和挑战 （4）被动改变迟早被淘汰，率先变革方能立足潮头
成本意识	（1）通过分解业务战略目标、对比行业标杆，设定成本控制目标（材料、人力和设备成本等），在对目标与现状差距的专业分析基础上，通过持续改进优化实现成本控制目标 （2）坚持在不降低服务标准、产品品质的前提下，以最低的成本提供极致化的产品和服务
结果导向	不看苦劳看功劳，价值贡献与分配以结果为导向
坦诚	相互尊重与信任，以正直、开放和诚信的原则处理各种关系，遵守职业道德
主动	（1）在工作中自觉地付出超乎工作预期的努力，善于主动发现和创造新的机会 （2）在需要他人帮助的时候主动向他人提出请求，在他人需要帮助的时候尽己所能提供帮助
创新	关注身边的新技术、新方法和新事物，挑战传统的工作方式，推陈出新，在服务、技术、产品和管理等方面追求卓越，进行突破性创新的行为特征

续表

核心素养项目	核心素养定义
高效	（1）高效就是以最少的资源，达成目标，并为用户创造一流体验 （2）资源永远是有限的，管理人员的天职就是要将资源进行优化配置 （3）时间是最稀缺的资源，合理配置时间是实现高效的基础，浪费时间是最大的浪费 （4）业绩优秀的人能够使用现有资源达成目标，业绩卓越的人能够在资源不足的情况下完成或超额达成目标
激情	（1）激情来自坚定的信念、对实现目标的渴望、对组织的认同、对工作的热爱 （2）激情可以传递能量、振奋士气、凝聚团队、提高战斗力 （3）激情不是一时冲动，是长期坚持和持续体现的精神状态 （4）充满激情的人主动找方法，相信“办法总比困难多”，永不言弃

特别说明：由于每家企业的核心价值理念对员工素养的要求不同，本书罗列了一些常见的核心素养及定义，仅供参考。另外，不同对企业核心素养的内涵不同，对核心素养的分级也就千差万别，读者可以参考表 6-7 结合企业实际进行分级。

2. 常见基本素养词典（表 6-9）

表6-9　常见基本素养词典

基本素养项目		基本素养定义与分级
成就导向		不满足于现状，对成功具有强烈的渴求，在工作与生活中能够克服各种障碍，达成自己设定的目标，从而实现自身的价值
分级	1级	想要把工作做好：想要努力工作以符合工作标准的要求，尝试想要把工作做对与做好，偶尔对于浪费与无效率显现沮丧（例如抱怨时间浪费和想要做得更好），但没有实质性的进步
	2级	工作结果符合他人为其设定的标准：工作上能够符合上级或公司为其设定的标准要求（例如按预算标准开展工作、完成既定销售目标、产品品质达到品质标准等）
	3级	自己设立衡量优异的标准：自己设定用来衡量优异工作产出的标准，而不是一套来自上级管理要求的工作标准，并且自己设定的工作标准通常会高于上级管理要求的工作标准，主要体现在费用、质量、时间效率管理等方面
	4级	自己设定挑战性的工作目标：能够自己设定并达成具有极高挑战性的工作目标。挑战性是指有 50% 的把握是可以确实达成的，即虽然目标难度高，但却不是不可能达成的目标

续表

基本素养项目		基本素养定义与分级
战略思维		基于对战略的理解和执行，推进管理提升和业务拓展，使各项举措在战略取向上相互配合、实施过程中相互促进、实际成效上相得益彰
分级	1级	（1）理解公司战略，能够识别战略的核心要点及对本岗位/团队工作的要求 （2）执行中能够贯彻战略要求，行为上保持与战略要求的一致性，不寻找任何借口
	2级	（1）将战略规划转化分解为部门管理目标，并监督落实执行 （2）为团队成员解读战略并形成高度共识，识别对部门目标达成可能的影响因素，运用结构性管理工具对行业、市场、产品、客户进行分析
	3级	（1）从全局的角度平衡各种因素的利弊，运用情景规划的方式思考不同战略的可行性，利用手上的工作和资源，寻找战略发展点和机会点，找出最佳执行方案 （2）在多变情境中，迅速抓住业务成败的核心因素，建设性的执行
	4级	（1）判断行业未来3～5年变化趋势，进行突破性思考，指出战略方向 （2）找出影响全局发展的主要因素、关键变量和薄弱环节，据此确定战略布局、主攻方向和工作的着力点，兼顾局部和全局，平衡短期与长期，确保战略方案能够落地
坚忍性		（1）能够在非常艰苦或不利的情况之下，克服外部和自身的困难，坚持完成所从事的工作 （2）具有坚忍性的人受到挫折时能够有效控制自己的情绪，克制自己的消极行为；面对他人的敌意时保持情绪的冷静和稳定；能够忍受艰苦的工作环境和较大的压力，使其工作业绩不受外界压力、挫折和个人消极情绪的干扰和影响 （3）在不利的情形之下没有怨言和恶意，总能看到事物积极的方面。即便受到他人的反对和攻击，也会按照自己的意见和计划坚持做下去，直至工作目标达成 （4）坚忍性也可称作耐受力、压力忍耐力、自我控制、情绪成熟度、意志力等
分级	1级	面对挫折时能够克制自己的消极情绪（如愤怒、焦急、失望等）或保持情绪的稳定
	2级	在比较艰苦的条件下或巨大的压力下坚持工作
	3级	能有效控制自己的情绪，通过建设性的工作接触和化解压力
	4级	不达目的誓不罢休，即便工作中遇到种种困难也绝不退缩
主动性		（1）个人在工作中不惜投入较多的精力 （2）预见事件发生的可能性，并通过有计划地采取行动提高工作绩效，避免问题发生，或者创造新的机遇 （3）主动性可以被称作决断力、前瞻性等

续表

基本素养项目		基本素养定义与分级
分级	1级	不需要别人监督，只要目标明确，便能积极开展工作
	2级	在工作中自觉地投入超出常人的时间和精力
	3级	及时发现某种机遇或问题，并快速做出反应
	4级	提前行动，以便创造机会或避免问题发生
主动应变		预见未来可能存在的挑战或机遇，主动谋划布局，争取并整合资源，坚忍地致力于问题的解决
分级	1级	（1）主动思考每天日常工作中存在的问题并采取相应的行动去解决 （2）以正向的心态看待日常工作的困难，直面问题，不退缩，不逃避
	2级	（1）设定中长期目标，构思细化方案，考虑关键节点，并据此制定行动方案 （2）建立长期的监控机制，以保障方案的有效执行
	3级	（1）运用多种可行性方案，争取整合各种资源，一计不成，再生一计，坚定持久地采取行动 （2）在逆境中沉着应对、处理突发性、复杂的事件，灵活改变工作计划，并有效推进工作，坚持达成原定的目标
	4级	在充分判断未来长期收益的基础上敢于果断做出决策，主动跳出现有运作框架，预见未来机遇或挑战。充分调动、组合所有可利用资源，以把握机遇或降低风险
市场敏锐		通过洞察行业发展趋势，首先基于内部数据、信息的整合、整理，其次搜集分析外部市场 / 客户的信息与需求，敏锐识别潜在商机与机会点，获取市场情报，推动业务增长
分级	1级	（1）主导对特定专题（如某一关键产品、某个市场细分领域）的局部分析；透过公司销售数据的变化因地制宜地提出解决方案 （2）能够及时关注业务相关方面的市场动态和行业信息并及时分享给团队
	2级	（1）了解所在领域 / 区域的市场发展趋势；主导所在领域 / 区域销售数据全面分析，提出对应的业务策略及实施建议 （2）有针对性、常态化地开展市场信息收集，在关键领域开展深入的研究、分析，并在组织内部分享实现共识
	3级	（1）全面的信息收集、整理、分析能力，能通过大量的内部数据与信息管理能力，建立市场洞察的机制和系统 （2）能够建立市场情报信息体系，长期、稳定、系统地获取市场发展的前瞻性竞争情报
	4级	（1）通过深入的市场分析，前瞻性地捕捉和挖掘商业机会并实现商业收益；制定整体方案，推动公司内部业务变革，创造性地提升市场营销模式 （2）制定公司层面的市场与产品策略，为决策提供依据提前布局；研究国内外行业前沿动态，预判整体发展趋势

续表

基本素养项目		基本素养定义与分级
正直坦诚		做人坦诚，敢于讲真话，处事公正，坚持原则，为公司利益不畏权威
分级	1级	（1）遵循组织规则，做事规范 （2）坦率真诚，说真话、说实话，少有顾虑，能当面主动分享信息、观点和评价
	2级	（1）待人处事公平公正 （2）言行一致，遵守对他人的承诺
	3级	（1）面临冲突和分歧时，不回避矛盾，敢于表明并坚持个人观点，能够客观公正地做出决策 （2）面对利益诱惑时，坚守职业操守，不为所动
	4级	（1）为公司整体或长远利益考虑，即使可能危及个人利益或面临权威的巨大压力，仍勇于提出和坚持个人的不同意见 （2）当上级的言行失当，可能危害组织的利益或违背组织的原则时，敢于直谏
大局意识		能够站在集团或公司的角度来考虑整体问题与平衡整体利益的意识
分级	1级	站在部门的立场思考问题，协助部门目标顺利达成
	2级	能够站在公司的角度来完成公司对部门的使命要求，同时能够兼顾公司的整体利益与长期发展需求
	3级	能够站在集团的角度来完成集团对公司的战略使命要求，同时能够兼顾集团的整体利益与长期发展需求
	4级	能够全面考虑集团的整体发展需求，同时能够兼顾集团的长期利益与发展需求
责任心		反映一个人对待自己工作和生活的态度，能认真、全面、及时、不打折扣地完成各种任务
分级	1级	接受任务。对职责范围内的工作任务，不推托，不讨价还价，能及时响应工作安排
	2级	落实完成。能够对职责范围内的工作进展情况，及时进行核查，并对工作中发现的问题采取必要的行动，以保证工作按要求标准完成
	3级	尽职尽责。在工作中，面临需要同时处理职责内和职责外的任务时，能够主动采取应对措施，确保不因职责外的任务而影响职责内工作任务的按时完成，并能够不以职责外的工作负担作为解释未完成职责内任务的理由
	4级	敢于承担，主动负责。能够主动公开地承担本职工作中的责任问题并及时补救，采取预防措施，防止类似问题再次发生
学习意识		在工作过程中积极地获取与工作有关的信息和知识，对获取的信息进行加工和理解，并就工作经验与技巧与他人讨论与分享，从而不断更新自己的知识结构、提高自己的工作意识

续表

基本素养项目		基本素养定义与分级
分级	1级	在工作中能够在上级的要求下参加培训与经验交流活动，但如果采取自愿报名参加的方式时多数情况下是不会主动报名参加的
	2级	能够根据自身需要主动制订自己的学习目标与学习计划，并采取行动实现学习目标以提高自身能力水平，并且在工作中愿意与他人在工作经验方面进行沟通交流
	3级	能够通过知识、经验共享等活动来组织群体性的学习，实现团队成员的共同成长
	4级	能够深入、系统地学习当前最新的知识和技术，或将工作中的工作技巧和工作经验进行系统的整理、总结、提炼，使这些知识和经验技巧为企业发展提供有力的支持
团队合作		以组织整体利益为己任，建立、维护并运用高效的组织，并与组织中的其他人保持良好合作关系，充分利用组织资源、与组织成员分享工作成果的协作意识
分级	1级	能够通过信息的共享来为团队决策提供支持，并能够及时与团队成员交流团队内发生的事情，使团队成员及时了解团队取得的成绩与不足
	2级	对团队其他成员的能力和贡献抱着积极的态度，能够用积极口吻评价团队成员，评价他人提出的意见和经验的价值。愿意在做决定或计划前征求团队成员意见和建议
	3级	当他人作出贡献或实现目标时能给予公开的表彰和鼓励，并在工作中通过一定的授权使他人感觉到自己的重要性，从而发挥更大的作用
	4级	能够以实际行动倡导良好的团队氛围，鼓舞士气，及时解决或缓解团队中出现的矛盾和冲突，维护及提升团队荣誉
自我控制		在面对他人的反对、敌意、挑衅和压力环境下，能够保持冷静，控制负面情绪和消极行为，继续完成工作任务
分级	1级	在感觉到强烈的感情（如发怒、极其沮丧或高度压力）时，能抑制其表现出来
	2级	当感觉到强烈情绪时（如发怒、极其沮丧或高度压力）时，不仅能抑制其表现出来，而且能继续平静地进行谈话或开展工作；能够长时间的抑制感情或抵抗压力，在持续的压力状况下以一贯的正常状态推进工作
	3级	感觉到强烈的感情或其他压力，抑制住它们并以建设性的方法回应压力和不良情绪，冷静分析问题来源，甚至能总结避免今后出现类似情况的预防措施和应对方法
	4级	在群体人员都受到强烈冲击时，不仅能够控制自己的情绪，还能鼓励别人也冷静下来，保持良好心态
影响力		运用数据、事实等直接影响手段，或通过人际关系、个人魅力等间接策略来影响他人，使其接受自己的观点或使其产生预想行为

续表

基本素养项目		基本素养定义与分级
分级	1级	采用单一、直接的方法或论据说服他人，试图使他人支持自己的观点或要求对方作出承诺或保证
	2级	采用两种以上方法，或准备多种论据进行说服，但仍然是按照自己的想法进行，没有表现出有意针对被影响对象设计影响方式
	3级	善于换位思考，能够根据对方的关注点把握恰当时机，灵活选择适合对方的说服影响方式或调整影响的内容和形式；预先考虑到不同对象的可能反应，提前做出准备或预备方案
	4级	寻找支持自己观点并能对别人真正产生影响的人物，使用连环套的方式对目标施加影响，如借助上级力量、游说关键性人物、利用人际关系网络进行间接影响等
客户导向		站在客户的立场为客户解决问题，提供服务
分级	1级	提供最低程度的必要服务：对客户提出的问题给予立即但“未经准备”的回应，不刻意探究客户的根本需求或问题，了解客户所提出的问题的来龙去脉
	2级	承担个人责任：追随客户的需要与咨询，并迅速解决客户所提出的问题，对客户表现出极强的责任感
	3级	解决潜在需求：充分了解客户业务范围，以此了解客户现实与潜在的需要，有针对性地提供与之相应的产品与服务
	4级	做客户的业务伙伴：主动参与客户的决策过程。针对客户的工作提供专业的建议，保证客户取得最佳利益
分享精神		与内部和外部机构加强合作，通过信息共享促进公司发展
分级	1级	善于寻找或创造机会建立开放的、双向沟通的平台，以增强员工的参与和投入
	2级	积极筹划与参加旨在分享信息以提升公司竞争力的各种团队活动
	3级	积极充当促进公司内部或外部团队之间信息共享与交流的联系人
	4级	善于通过信息共享，团结公司内外部团队，共同实现公司目标
廉洁		不利用岗位和权力便利损公肥私
分级	1级	能遵守基本职业道德，不做有损公司利益的事
	2级	积极引导员工遵循员工行为准则，不做损公肥私之事
	3级	在以身作则的基础上，能对现有的管理制度进行审视，提出修改建议，防微杜渐
	4级	能坚决与损公肥私的行为作斗争，并不断地思考与创新，创造良好的廉洁奉公的氛围

续表

基本素养项目		基本素养定义与分级
诚信		行使权利和履行义务过程中，对待内外顾客诚实善意的品德
分级	1级	在工作中不弄虚作假
	2级	在工作中不弄虚作假，而且能勇于承担责任
	3级	在工作中不弄虚作假，以身作则，并用具体行动来影响或带领同事诚信做人、踏实做事
	4级	能坚决抵制并揭露弄虚作假的行为，以身作则，积极主动地创造良好的诚信文化
保密意识		自觉遵守公司保密制度，保守和维护公司商业秘密的意识
分级	1级	熟悉公司保密制度，明确职责范围内的保密事项，并根据制度采取相应的维护措施，但保密意识还需提高
	2级	以身作则，自觉、严格遵守公司保密制度，有较强的保密意识，对保密制度未明确界定的问题能够很好地处理
	3级	影响身边的同事，宣传保密制度，必要时提醒同事；发现保密制度的缺陷和漏洞，能及时向有关部门报告，并提出完善意见
	4级	发现他人违反和破坏保密制度时能积极抵制，并及时向公司有关部门报告，同时分情况采取积极措施，以最大限度地减少恶性后果
忠诚度		服从公司和领导的工作安排，自觉维护公司利益，为公司的发展做出最大的贡献
分级	1级	能保守公司秘密，不做有损团队和组织利益的事
	2级	坚守职业道德，对团队成员和组织充分信任，并积极主动维护组织利益
	3级	忠于组织，坚守职业道德，对危害组织利益的行为进行批评与报告
	4级	将个人利益与企业利益完全结合起来，充分信任企业，并积极主动地创造良好的忠诚文化
品质为先		关注质量的持续提升和改善，通过质量管理，不断完善和提升质量标准，使产品和服务能让内外部客户满意，获得良好的市场口碑
分级	1级	（1）主动寻求、收集内外部客户对产出质量相关的反馈信息 （2）分析影响生产产品质量的因素，遵循质量方针，工作中宣传、分享和质量提升相关的信息
	2级	（1）展现出对高质量完成任务的热情和品质意识，不向低质量妥协 （2）系统了解质量体系并参与建设，对质量标准提出评审和修正建议
	3级	（1）基于公司的技术和实践经验，带领开发、优化、完善质量管理体系，并建立卓越实践，成为组织质量改进和提升的重要依据 （2）培养和指导质量管理专业人员，推动组织质量管理能力提升
	4级	（1）建立质量监督流程，实现“零缺陷”；具备品质方面专家级的洞察力，深刻理解质量体系的战略意义 （2）具备行业标杆水准的质量专业能力，能够解决组织长期存在的复杂质量症结，并形成相应的标准和作业指导

续表

基本素养项目		基本素养定义与分级
成本导向		通过分解业务战略目标、对比行业标杆，设定成本控制目标（材料、人力和设备成本等），在对目标与现状差距的专业分析基础上，通过持续改进优化实现成本控制目标
分级	1级	（1）通过汇总、推导和对比等方法分析显性和隐性的成本影响，提出成本改进点 （2）跟踪和分析改进过程中目标和现状的差距，处理过程中发生的常规问题
	2级	（1）通过讲解与演示，指导他人进行成本控制；将大的、复杂的优化目标分解为小的、可以实现的目标 （2）落实成本控制措施，优化或固化改进措施
	3级	（1）带领专业团队对成本点进行专业分析，综合各方面因素，优化公司跨部门或公司某一职能线的多个成本控制点，达到整体利益最大化 （2）通过跨部门协调，推动复杂成本控制措施落地
	4级	（1）通过跨组织的指导与协调，优化公司层面的多个成本控制点，达到公司利益最大化，对公司业务结果带来重大影响 （2）建立并持续优化成本控制体系，提升公司整体的成本控制能力
追求卓越		勇于不断挑战自我，设定更高更具挑战性目标，突破与超越过去的成绩，积极主动地追求更加卓越的业务结果
分级	1级	（1）乐于接受工作安排或任务，愿意付出额外时间完成工作 （2）对于常规的事务性工作，不厌其烦，高标准、高质量完成
	2级	（1）不满足现状，主动思考工作中仍能提高的地方，并积极采取行动，付诸实践 （2）通过对工作程序、规章制度、或工作方法等做出具体的改进，有效提高工作效率和质量，超越预期的业绩目标
	3级	（1）主动为自己订立具有挑战性的目标并积极采取具体行动去实现目标 （2）勇于迎难而上，主动承担公司所设定的挑战性目标，在团队成员中起模范带头作用
	4级	（1）即使在看似不可能达成的情况下，如超越或引领世界或行业顶级水准，仍勇于承担风险，同时积极投入必要的精力与资源，缜密分析风险点，详细计划，全力行动，以求最大可能地达成所追求的目标 （2）不迷信权威，不受制于自己已经取得的成就，勇于颠覆性突破及超越自我
职业动机		运用有效的方法和措施使自己能维持干好工作的愿望
分级	1级	能为自己设置具有挑战性但又确实可行的目标
	2级	在自己的工作中能追求优秀绩效
	3级	在困难面前，意志坚定，始终保持以完成工作任务为中心
	4级	除非目标已经实现，否则绝不中断行动，能按计划采取相应的行动

第七章 典型职位族任职资格

一、管理职位族任职资格

二、营销职位族任职资格

三、研发职位族任职资格

四、供应链职位族任职资格

在绝大多数企业，管理职位族、营销职位族、研发职位族、供应链职位族等4大职位族都是非常重要的，因此，建立健全这4大职位族的任职资格体系将会直接影响企业对人才的选拔与培养，进而影响企业整体经营业绩，本书就以上职位族任职资格体系进行系统展示，以期对读者朋友们有所帮助。

一、管理职位族任职资格

管理职位族承担企业内部的各项经营及管理工作，管理职位族通常包括经营管理职系、职能管理职系、项目管理职系。根据前文介绍，管理职位族可以分为5个等级，也可以分为3个等级，本书介绍5级管理职位族任职资格标准，当然不同企业可以在此基础上进行删减和优化。

1. 管理职位族工作要素（表7-1、表7-2）

如表7-1所示，我们是按照管理“管理三叶草”的三个维度（管事、管人、管组织）对管理职位族工作要素进行规划的。

表7-1　管理职位族工作要素规划表

工作要项		管理职位族职级				
		五级	四级	三级	二级	一级
1. 管事	1.1 战略管理	√	√	√	√	
	1.2 目标管理	√	√	√	√	√
	1.3 计划管理			√	√	√
2. 管人	2.1 人才机制	√	√	√		
	2.2 人才选拔			√	√	√
	2.3 团队管理				√	√
3. 管组织	3.1 组织再造	√	√	√	√	
	3.2 组织优化		√	√	√	
	3.3 组织执行			√	√	√

表7-2 管理职位族工作要素分解表

工作要项			工作内容	工作标准	管理职位族职级				
					五级	四级	三级	二级	一级
1.管事	1.1 战略管理	1.1.1 战略分析	1.1.1.1 战略信息及收集渠道规划	略			√	√	
			1.1.1.2 战略信息收集、整理与分析，并提交战略分析报告	略			√	√	
		1.1.2 战略规划	1.1.2.1 确定公司使命、愿景和中长期战略目标	略	√	√			
			1.1.2.2 根据内外部状况，确定公司业务战略（产业、产品、市场、客户战略）	略	√	√			
			1.1.2.3 所辖领域职能战略的制定和实施监控	略			√	√	
		1.1.3 战略实施与监控	1.1.3.1 公司战略实施平台构建与维护	略			√	√	
			1.1.3.2 公司核心能力构建与培植	略	√	√			
			1.1.3.3 根据实际和发展战略，制订公司年度经营计划	略	√	√			
	1.2 目标管理	1.2.1 年度目标确定	1.2.1.1 根据公司年度战略地图及平衡计分卡确定年度目标	略	√	√	√		
			1.2.1.2 编制并组织签订各系统、部门目标责任书	略	√	√			
		1.2.2 目标分解	1.2.2.1 对确定的目标进行分解（按季、按月）	略	√	√	√	√	√
			1.2.2.2 对确定的目标进行分解（按部门、按岗位）	略	√	√	√	√	√

续表

工作要项			工作内容	工作标准	管理职位族职级				
					五级	四级	三级	二级	一级
1.管事	1.2 目标管理	1.2.3 目标达成计划	1.2.3.1 根据目标，编制目标达成计划，并保证实施	略			√	√	
			1.2.3.2 及时跟踪目标达成状况，根据实际调整相关实施计划	略			√	√	
	1.3 计划管理	任务实施	1.3.1.1 根据工作计划，分派工作任务	略				√	√
			1.3.1.2 对所辖工作进行检查和指导	略				√	√
2.管人	2.1 人才机制	2.1.1 人力资源规划	2.1.1.1 明确公司人力资源管理理念	略	√	√			
			2.1.1.2 完善公司人力资源规划（结构规划、成本规划、效率规划、成长规划）	略		√	√		
		2.1.2 人力资源管理机制	2.1.2.1 组织建立完善的人才“选、用、育、留”机制	略	√	√			
			2.1.2.2 识别公司关键岗位和核心员工，并为其实施职业生涯规划	略		√	√		
	2.2 人才选拔	2.2.1 人才培养	2.2.1.1 根据员工个人爱好及特长，有针对性地对其进行培养	略			√	√	
			2.2.1.2 为员工提供相关的培训项目，测评培训效果，并跟踪培训成果转化状况	略			√	√	√
		2.2.2 人才选拔	2.2.2.1 通过绩效评价、年度素质评价等手段，客观公正地评价员工	略			√	√	
			2.2.2.2 根据业绩及素质评价结果，提供员工调整方案并组织实施	略			√	√	

续表

工作要项			工作内容	工作标准	管理职位族职级				
					五级	四级	三级	二级	一级
2.管人	2.3 团队管理	2.3.1 团队成员管理	2.3.1.1 根据需要组建团队	略				√	√
			2.3.1.2 团队成员的日常管理	略					√
		2.3.2 团队绩效促进	2.3.2.1 团队分工与激励	略				√	√
			2.3.2.2 团队绩效提升的促进	略					√
3.管组织	3.1 组织再造	3.1.1 组织重组与再造	3.1.1.1 懂得组织运作原理和组织设计原则，根据战略调整进行组织重组	略	√	√			
			3.1.1.2 精于组织职责划分与人员配置	略	√	√			
			3.1.1.3 根据组织需要，合理规划业务流程、管理流程，保证组织运作效率	略	√	√			
			3.1.1.4 配置合理的资源，使组织运作更高效	略	√	√			
		3.1.2 组织文化塑造	3.1.2.1 明确组织文化的内涵及定位	略	√	√			
			3.1.2.2 组织文化的培育及宣导	略			√	√	
	3.2 组织优化	3.2.1 组织及流程优化	3.2.1.1 根据需要，对现有组织分工及人员配置进行调整	略			√	√	
			3.2.1.2 调整业务流程/管理流程，使组织效率更高、工作关系更协调	略			√	√	
		3.2.2 组织协调	3.2.2.1 部门间工作关系的建立和维护	略			√	√	
			3.2.2.2 公司业务关系的建立与维系	略		√			

续表

工作要项			工作内容	工作标准	管理职位族职级				
					五级	四级	三级	二级	一级
3.管组织	3.3 组织执行	3.3.1 流程/制度执行	3.3.1.1 根据公司既定的流程，组织团队成员严格执行	略					√
			3.3.1.2 对流程/制度实施状况进行监控	略			√	√	
		3.3.2 组织分工	3.3.2.1 清晰组织分工及工作职责	略			√	√	√
			3.3.2.2 掌握部门职能、岗位说明书描述方法	略			√	√	

2. 管理职位族知识要素（表 7-3）

表7-3 管理职位族知识要素规划表

知识要素		管理职位族职级				
		五级	四级	三级	二级	一级
专业知识	战略管理知识	5级	5级	4级	3级	3级
	组织管理知识	5级	5级	4级	3级	3级
	流程管理知识	5级	5级	4级	3级	3级
	人力资源知识	5级	5级	4级	3级	3级
基本知识	公司文化	5级	4级	3级	3级	3级
	制度与流程	5级	4级	3级	3级	3级
	产品/服务知识	5级	4级	3级	2级	1级
	行业基础知识	5级	4级	3级	2级	1级

关于知识要素的定义请查阅第四章相关内容，在此不再赘述，下同。

3. 管理职位族能力要素（表 7-4）

表7-4 管理职位族能力要素规划表

能力要素		管理职位族职级				
		五级	四级	三级	二级	一级
核心能力	为客户创造价值	5级	4级	3级	3级	3级
	战略规划能力	5级	4级	3级	2级	2级
	战略决策	5级	4级	2级	2级	1级

续表

能力要素		管理职位族职级				
		五级	四级	三级	二级	一级
核心能力	塑造组织能力	5级	4级	3级	2级	2级
	培养与指导他人	5级	4级	3级	2级	2级
	影响他人	5级	4级	3级	2级	2级
基本能力	目标管理能力	4级	4级	3级	2级	2级
	计划管理能力	4级	4级	3级	2级	2级
	领导能力	4级	4级	3级	2级	2级
	团队建设能力	4级	4级	3级	2级	2级
	文化传播能力	4级	4级	3级	3级	3级
	决策能力	4级	4级	3级	2级	1级
	自控能力	4级	4级	3级	3级	3级

关于能力要素的定义请查阅第五章相关内容，在此不再赘述，下同。

4. 管理职位族素养要素（表 7-5）

表7-5　管理职位族素养要素规划表

素养要素		管理职位族职级				
		五级	四级	三级	二级	一级
核心素养	拥抱变化	5级	4级	3级	2级	1级
	坚忍	5级	4级	3级	2级	1级
	高效	5级	4级	3级	2级	1级
	激情	5级	4级	3级	2级	1级
基本素养	成就导向	5级	4级	3级	2级	1级
	战略思维	5级	4级	3级	2级	1级
	正直坦诚	5级	4级	3级	2级	1级
	大局意识	5级	4级	3级	2级	1级
	追求卓越	5级	4级	3级	2级	1级
	职业动机	5级	4级	3级	2级	1级

关于素养要素的定义请查阅第六章相关内容，在此不再赘述，下同。

二、营销职位族任职资格

营销职位族肩负着品牌宣传、市场推广、客户开发、订单开发与产品销售、客户服务等职能，传统营销理论 4Ps（产品 Product、价格 Price、渠道 Place、促销 Promotion）或者 4Cs（顾客 Customer、成本 Cost、便利 Convenience、沟通 Communication）都是基于此展开的。但在互联网时代，传统的营销职能逐渐被互联网模式（用户思维、服务即营销、免费模式、流量思维等）所蚕食，“把用户当成神，把自己当成人”“粉丝经济”“产品即媒体”“服务即营销”……都对营销职位族任职资格提出了全新的挑战。

营销职位族通常包括品牌管理职系、市场管理职系、销售职系、电商运营职系、客户服务职系等，本书基于世界营销之父唐·舒尔茨教授的 IMC（Integrated Marketing Communication）理论，围绕以下核心问题进行营销职位族任职资格体系规划：

（1）我们的客户是谁？

（2）客户的核心价值主张是什么？如何评估？

（3）为了最大化满足客户价值，我们需要提供什么样的最佳产品（服务）？

（4）以什么样的方式让顾客知道我们的产品（服务）？

（5）如何才能保证我们提供的产品（服务）是最有价值的？

（6）我们如何才能从品牌、广告、市场、促销、销售政策、客户开发与服务等多个维度达到以上目的？

1. 营销职位族工作要素（表 7-6、表 7-7）

表7-6 营销职位族工作要素规划表

工作要项		营销职位族职级				
		五级	四级	三级	二级	一级
1. 信息收集	1.1 信息收集与整理			√	√	√
	1.2 信息分析	√	√	√	√	

续表

工作要项		营销职位族职级				
		五级	四级	三级	二级	一级
2. 品牌宣传	2.1 品牌定位	√	√	√	√	√
	2.2 品牌媒介选择	√	√	√		
	2.3 品牌宣传		√	√	√	√
3. 市场支持	3.1 市场规划	√	√			
	3.2 市场推广		√	√	√	√
4. 渠道 / 客户开发	4.1 渠道 / 客户规划	√	√			
	4.2 渠道 / 客户政策	√	√			
	4.3 渠道 / 客户开发		√	√	√	√
	4.4 渠道 / 客户运营		√	√	√	√
5. 订单管理	5.1 订单开发			√	√	√
	5.2 订单交付管理			√	√	√
	5.3 销售货款管理		√	√	√	√
6. 客户服务	6.1 客户关系维护				√	√
	6.2 客诉受理		√	√	√	√
	6.3 客户满意度管理			√	√	√
7. 业务支持	7.1 订单交付支持			√	√	
	7.2 研发支持		√	√	√	√
	7.3 战略决策支持			√	√	√

表7-7 营销职位族工作要素分解表

工作要项		工作内容	工作标准	营销职位族职级				
				五级	四级	三级	二级	一级
1. 信息收集	1.1 信息收集与整理	1.1.1 市场、竞争对手及潜在客户信息收集	略				√	√
		1.1.2 市场、竞争对手及潜在客户信息汇总、整理	略			√	√	

续表

工作要项		工作内容	工作标准	营销职位族职级				
				五级	四级	三级	二级	一级
1. 信息收集	1.2 信息分析	1.2.1 市场、竞争对手及潜在客户信息分析	略			√	√	
		1.2.2 市场、竞争及客户开发策略决策	略	√	√	√		
2. 品牌宣传	2.1 品牌定位	2.1.1 品牌调研	略			√	√	√
		2.1.2 品牌定位	略	√	√			
	2.2 品牌媒介选择	2.2.1 根据品牌定位及调性选择合适的媒介资源	略	√	√	√		
		2.2.2 媒介资源整合	略		√	√		
	2.3 品牌宣传	2.3.1 品牌宣传物料设计与制作	略		√	√		
		2.3.2 品牌广告投放与监测	略		√			
		2.3.3 品牌知名度、美誉度、忠诚度监测与管理	略			√	√	√
3. 市场支持	3.1 市场规划	3.1.1 根据市场调研结果，进行目标市场规划	略	√	√			
		3.1.2 市场推广策略规划	略	√	√			
	3.2 市场推广	3.2.1 市场推广物料设计与制作	略		√	√		
		3.2.2 市场推广活动策划与实施	略		√	√	√	√
		3.2.3 市场公关策略策划与实施	略		√	√		
4. 渠道 / 客户开发	4.1 渠道 / 客户规划	4.1.1 根据市场调研结果，进行渠道 / 客户规划	略	√	√			
		4.1.2 渠道 / 客户开发策略规划	略	√	√			
	4.2 渠道 / 客户政策	渠道 / 客户政策规划	略	√	√			
	4.3 渠道 / 客户开发	4.3.1 渠道 / 客户开发漏斗管理	略		√	√		
		4.3.2 渠道 / 客户商务合同洽谈与签订	略			√	√	√
	4.4 渠道 / 客户运营	4.4.1 渠道 / 客户运营策略规划	略		√			
		4.4.2 渠道 / 客户日常运营	略			√	√	√
5. 订单管理	5.1 订单开发	销售订单开发	略			√	√	√

续表

工作要项		工作内容	工作标准	营销职位族职级				
				五级	四级	三级	二级	一级
5. 订单管理	5.2 订单交付管理	5.2.1 销售订单交接	略			√	√	√
		5.2.2 销售订单交付过程跟踪	略			√	√	√
		5.2.3 销售订单交付异常处理	略			√	√	√
	5.3 销售货款管理	5.3.1 销售对账	略			√	√	√
		5.3.2 销售货款跟踪	略			√	√	√
		5.3.3 呆坏账处理	略		√	√	√	√
6. 客户服务	6.1 客户关系维护	6.1.1 建立有效联系	略				√	√
		6.1.2 恰当回应客户	略				√	√
		6.1.3 客户信息交流	略				√	√
	6.2 客诉受理	6.2.1 建立畅顺的客诉渠道	略		√			
		6.2.2 客诉接收与处理	略			√	√	√
	6.3 客户满意度管理	6.3.1 定期组织客户满意度调查	略			√	√	
		6.3.2 根据客户满意度调查结果，有针对性地实施 CS100 工程	略			√	√	√
7. 业务支持	7.1 订单交付支持	7.1.1 订单变更管理	略			√	√	
		7.1.2 生产计划协调	略			√	√	
		7.1.3 质量异常协调处理	略			√	√	
	7.2 研发支持	7.2.1 新产品立项前市场调研支持	略				√	√
		7.2.2 新产品立项支持	略		√	√		
		7.2.3 新产品试销支持	略		√	√	√	√
	7.3 战略决策支持	7.3.1 公司外部经营环境分析支持	略			√	√	√
		7.3.2 战略分析专项支持	略			√	√	√

2. 营销职位族知识要素（表 7-8）

表7-8 营销职位族知识要素规划表

知识要素		营销职位族职级				
		五级	四级	三级	二级	一级
专业知识	战略管理知识	3级	3级	2级	1级	1级
	市场营销知识	5级	5级	4级	3级	3级
	合同管理知识	4级	3级	3级	2级	2级
	客户服务知识	5级	5级	4级	3级	3级
基本知识	公司文化	5级	4级	3级	2级	2级
	制度与流程	5级	4级	3级	2级	2级
	产品/服务知识	5级	4级	3级	3级	3级
	行业基础知识	4级	4级	3级	2级	2级

3. 营销职位族能力要素（表 7-9）

表7-9 营销职位族能力要素规划表

能力要素		营销职位族职级				
		五级	四级	三级	二级	一级
核心能力	为客户创造价值	5级	4级	3级	2级	2级
	战略性思维	5级	4级	3级	2级	1级
	战略决策	4级	3级	2级	2级	1级
	主动应变	5级	4级	3级	2级	2级
	影响他人	5级	4级	3级	2级	2级
	资源整合能力	5级	4级	3级	2级	2级
基本能力	计划管理能力	4级	4级	3级	3级	2级
	执行能力	4级	4级	3级	3级	3级
	信息收集能力	4级	4级	3级	3级	2级
	任务分解能力	4级	4级	3级	2级	2级
	任务实施能力	4级	4级	3级	2级	2级
	冲突解决能力	4级	4级	3级	2级	2级
	谈判能力	4级	4级	3级	3级	3级
	抗压能力	4级	4级	3级	3级	3级
	专业能力	4级	4级	3级	3级	2级

4. 营销职位族素养要素（表 7-10）

表7-10 营销职位族素养要素规划表

素养要素		营销职位族职级				
		五级	四级	三级	二级	一级
核心素养	快速响应	5级	4级	3级	2级	1级
	服务意识	5级	4级	3级	2级	1级
	结果导向	5级	4级	3级	2级	1级
	激情	5级	4级	3级	2级	1级
基本素养	坚忍性	5级	4级	3级	2级	1级
	主动应变	5级	4级	3级	2级	1级
	市场敏锐	5级	4级	3级	2级	1级
	自我控制	5级	4级	3级	2级	1级
	客户导向	5级	4级	3级	2级	1级
	职业动机	5级	4级	3级	2级	1级

三、研发职位族任职资格

产品研发的起点是客户需求，产品是客户价值的主要载体，产品开发就是要将客户需求生成的最主要环节，随着集成产品研发（IPD，Integrated Product Development）和产品全生命周期理论的普及，以及3C（Customer 顾客：如何满足顾客的核心需求？ Competition 竞争：企业如何适应残酷竞争并在竞争中取得胜利？ Change 变化：如何响应快速变化，如客户需求的变化，竞争环境的变化、新技术的变化等？）时代的需求多元化，产品在企业价值创造过程中起到的作用越来越明显，“产品的极致化思维”“不仅仅功能赚钱”“硬件 + 软件 + 内容”“兜售参与感”“快速迭代”……都对研发职位族任职资格提出了全新的挑战。

研发职位族通常包括产品规划职系、产品开发职系、硬件开发职系、软件开发职系、内容开发职系等。

1. 研发职位族工作要素（表 7-11、表 7-12）

表7-11　研发职位族工作要素规划表

工作要项		研发职位族职级				
		五级	四级	三级	二级	一级
1. 信息收集	1.1 信息收集与整理			√	√	√
	1.2 信息分析	√	√	√		
2. 产品规划	2.1 产品线规划	√	√			
	2.2 产品开发路线图	√	√			
	2.3 产品定义	√	√	√		
3. 产品开发	3.1 产品开发立项评审	√	√			
	3.2 产品开发计划		√	√		
	3.3 产品开发过程管理		√	√	√	√
	3.4 产品知识产权管理		√	√	√	√
4. 产品开发验证	4.1 产品开发过程质量控制			√	√	√
	4.2 产品试产管理	√	√	√	√	√
5. 产品试销及上市管理	5.1 新产品试销规划		√	√		
	5.2 新产品试销实施与总结		√	√		
	5.3 新产品上市策划		√			
	5.4 新产品上市实施	√	√	√	√	√
6. 产品升级与迭代	6.1 产品升级与迭代规划		√	√	√	
	6.2 产品升级与迭代实施		√	√	√	√
7. 产品生命周期管理	7.1 新产品销售过程管理		√	√	√	√
	7.2 产品退市管理	√	√	√		
	7.3 产品全生命周期盈利能力分析	√	√			
8. 业务支持	8.1 销售支持			√	√	
	8.2 订单交付支持			√	√	
	8.3 战略支持		√	√		

表7-12 研发职位族工作要素分解表

工作要项		工作内容	工作标准	研发职位族职级				
				五级	四级	三级	二级	一级
1. 信息收集	1.1 信息收集与整理	1.1.1 收集新材料、新技术、新工艺相关信息	略				√	√
		1.1.2 市场流行趋势、竞争对手及客户技术信息收集	略			√	√	√
		1.1.3 各类研发及技术信息整理	略			√		
	1.2 信息分析	1.2.1 研发及技术信息初步分析	略		√	√		
		1.2.2 研发及技术信息总结和指导应用	略	√	√			
2. 产品规划	2.1 产品线规划	产品线规划	略	√	√			
	2.2 产品开发路线图	2.2.1 产品研发路线图规划	略	√	√			
		2.2.2 产品研发路线图迭代与升级	略	√	√			
	2.3 产品定义	2.3.1 产品定义书编制	略		√	√		
		2.3.2 组织产品定义书评审与发布	略	√	√	√		
3. 产品开发	3.1 产品开发立项评审	3.1.1 组织产品开发立项评审	略		√	√		
		3.1.2 产品开发项目组成员选择与任命	略		√			
	3.2 产品开发计划	3.2.1 产品开发计划编制	略			√		
		3.2.2 产品开发计划评审与发布	略	√	√	√	√	√
	3.3 产品开发过程管理	3.3.1 产品开发人员组织	略			√	√	
		3.3.2 产品开发进度管理	略			√	√	√
		3.3.3 产品开发里程碑评审	略		√	√		
		3.3.4 产品开发异常管理	略		√	√		
	3.4 产品知识产权管理	3.4.1 产品知识产权策划	略		√	√		
		3.4.2 产品知识产权申报	略			√	√	√

续表

工作要项		工作内容	工作标准	研发职位族职级				
				五级	四级	三级	二级	一级
4. 产品开发验证	4.1 产品开发过程质量控制	4.1.1 产品开发质量策划	略			√	√	√
		4.1.2 产品开发过程质量监测	略			√	√	√
		4.1.3 产品质量文件优化与定稿	略			√	√	√
	4.2 产品试产管理	4.2.1 产品试产准备	略		√	√	√	√
		4.2.2 产品试产组织	略			√	√	
		4.2.3 产品试产评审	略		√	√	√	
		4.2.4 产品量产评审	略	√	√	√	√	
5. 产品试销及上市管理	5.1 新产品试销规划	新产品试销策划	略		√	√		
	5.2 新产品试销实施与总结	5.2.1 新产品试销准备	略		√	√		
		5.2.2 新产品试销总结	略		√			
	5.3 新产品上市策划	新产品上市策划	略		√			
	5.4 新产品上市准备及实施	5.4.1 新产品上市准备	略		√	√		
		5.4.2 新产品商品化策划	略	√	√	√		
		5.4.3 新产品上市培训	略			√	√	√
		5.4.4 新产品上市总结	略		√	√	√	
		5.4.5 新产品手册	略			√	√	
6. 产品升级与迭代	6.1 产品升级与迭代规划	6.1.1 产品销售数据监测与分析	略			√	√	
		6.1.2 产品升级与迭代策划	略		√			
	6.2 产品升级与迭代实施	6.2.1 产品升级与迭代定义	略		√			
		6.2.2 产品升级与迭代实施	略		√	√	√	√
7. 产品生命周期管理	7.1 新产品销售过程管理	7.1.1 新产品销售爬坡管理	略		√	√	√	√
		7.1.2 新产品销售过程数据分析	略		√	√	√	√
	7.2 产品退市管理	7.2.1 产品退市策划	略	√	√			
		7.2.2 产品退市尾货处理	略		√	√		

续表

工作要项		工作内容	工作标准	研发职位族职级				
				五级	四级	三级	二级	一级
7. 产品生命周期管理	7.3 产品全生命周期盈利能力分析	7.3.1 产品全生命周期盈利能力分析与监测	略		√			
		7.3.2 产品全生命周期价格调整与控制	略	√	√			
8. 业务支持	8.1 销售支持	8.1.1 新产品培训课件制作支持	略			√	√	
		8.1.2 新产品销售过程技术支持	略			√	√	
	8.2 订单交付支持	8.2.1 新产品工艺技术支持	略			√	√	
		8.2.2 新产品交付过程技术支持	略			√	√	
	8.3 战略支持	8.3.1 公司外部经营环境分析支持	略		√	√		
		8.3.2 战略分析专项支持	略		√	√		

2. 研发职位族知识要素（表 7-13）

表7-13 研发职位族知识要素规划表

知识要素		研发职位族职级				
		五级	四级	三级	二级	一级
专业知识	战略管理知识	3级	3级	2级	1级	1级
	项目管理知识	4级	4级	3级	2级	1级
	供应链知识	3级	3级	2级	1级	1级
	生产管理知识	3级	3级	2级	1级	1级
基本知识	公司文化	5级	4级	3级	2级	2级
	制度与流程	5级	4级	3级	2级	1级
	产品/服务知识	5级	4级	4级	4级	4级
	行业基础知识	5级	4级	4级	4级	4级

3. 研发职位族能力要素（表 7-14）

表7-14 研发职位族能力要素规划表

能力要素		研发职位族职级				
		五级	四级	三级	二级	一级
核心能力	为客户创造价值	5级	4级	3级	2级	2级
	战略性思维	5级	4级	3级	2级	1级
	创新能力	5级	4级	3级	3级	2级
	跨团队合作	5级	4级	3级	3级	2级
	资源整合能力	5级	4级	3级	3级	2级
基本能力	计划管理能力	4级	4级	3级	3级	2级
	跨部门工作能力	4级	4级	3级	3级	2级
	信息收集能力	4级	4级	3级	3级	2级
	周密思考能力	4级	4级	3级	3级	2级
	演绎推理能力	4级	4级	3级	3级	2级
	归纳分析能力	4级	4级	3级	3级	2级
	专业能力	4级	4级	3级	3级	2级

4. 研发职位族素养要素（表 7-15）

表7-15 研发职位族素养要素规划表

素养要素		研发职位族职级				
		五级	四级	三级	二级	一级
核心素养	快速响应	5级	4级	3级	2级	1级
	拥抱变化	5级	4级	3级	2级	1级
	坚忍	5级	4级	3级	2级	1级
	创新	5级	4级	3级	2级	1级
基本素养	成就导向	5级	4级	3级	2级	1级
	主动应变	5级	4级	3级	2级	1级
	学习意识	5级	4级	3级	2级	1级
	客户导向	5级	4级	3级	2级	1级
	追求卓越	5级	4级	3级	2级	1级

四、供应链职位族任职资格

供应链是企业产品实物形态的生产和交付的过程，它整合了企业内外部价值链资源（上游供应链、内部生产制造、下游渠道）使产品价值真正得以实现，客户价值主张最终得以满足，这既是一个价值创造的过程，同时也是一个价值转移的过程。

随着企业经营微利时代的到来和竞争格局的加剧，企业越来越像夹心饼干，受到来自市场和供应商的双重压力：一方面供应价格不断上涨，另一方面销售价格越来越低。在这种情况下，越来越多的企业开始关注并重视供应链体系的整合，因为对于企业而言，供应链整合能力的提升，意味着成本的减低、企业利润的增加，因此集成供应链（ISC，Integrated Supply Chain）便应运而生。

集成供应链是指同一供应链的成员企业通过信息的协调和共享、紧密合作、优化供应链的整体绩效，提升成员企业整体的市场竞争力。同样，随着企业竞争加剧以及“订单碎片化”“供应链柔性化”“供应链轻资产化”等因素的影响，企业供应链职位族任职资格也需要重构。

供应链职位族通常包括计划管理职系、采购管理职系、工艺管理职系、品质管理职系、仓储及物流职系、设备技术职系等。

1. 供应链职位族工作要素（表 7-16、表 7-17）

表7-16　供应链职位族工作要素规划表

工作要项		供应链职位族职级				
		五级	四级	三级	二级	一级
1. 供应链规划	1.1 供应链需求收集			√	√	
	1.2 供应链总体规划	√	√			
2. 计划管理	2.1 销售预测与订单交付计划管理		√	√		
	2.2 物料需求计划			√	√	
	2.3 生产计划管理			√	√	

续表

工作要项		供应链职位族职级				
		五级	四级	三级	二级	一级
3. 供应商开发与采购	3.1 供应商开发			√	√	
	3.2 供应商考核与评价			√	√	
	3.3 采购策划规划与实施			√	√	
	3.4 采购货款管理				√	
4. 生产过程管理	4.1 作业计划管理				√	
	4.2 制程异常管理			√	√	√
5. 仓储及物流管理	5.1 物料仓储管理				√	√
	5.2 半成品 / 成品仓储管理				√	√
	5.3 出入库管理				√	√
	5.4 物流管理				√	√
6. 质量控制	6.1 质量体系及标准	√	√	√	√	
	6.2 物料质量控制			√	√	√
	6.3 半成品 / 成品质量控制			√	√	√
7. 工艺、设备保证	7.1 工艺保证			√	√	√
	7.2 设备保证			√	√	√
8. 业务支持	8.1 产品研发支持			√	√	
	8.2 销售支持			√	√	
	8.3 战略支持	√	√	√		

表7-17 供应链职位族工作要素分解表

工作要项		工作内容	工作标准	供应链职位族职级				
				五级	四级	三级	二级	一级
1. 供应链规划	1.1 供应链需求收集	根据公司发展战略与年度经营目标，进行供应链规划需求整理	略			√	√	
	1.2 供应链总体规划	供应链整体规划	略	√	√			
2. 计划管理	2.1 销售预测与订单交付计划管理	2.1.1 根据销售预测及订单需求，编制订单交付计划	略		√	√		
		2.1.2 订单交付计划变更管理	略		√	√		
		2.1.3 紧急订单处理	略		√	√		

续表

工作要项		工作内容	工作标准	供应链职位族职级				
				五级	四级	三级	二级	一级
2. 计划管理	2.2 物料需求计划	2.2.1 安全库存规划	略			√	√	
		2.2.2 物料需求计划编制与实施	略			√	√	
		2.2.3 采购计划（含变更）编制	略			√	√	
	2.3 生产计划管理	2.3.1 生产计划编制与实施	略			√	√	
		2.3.2 生产计划变更管理	略			√	√	
3. 供应商开发与采购	3.1 供应商开发	3.1.1 供应商寻源与考察	略			√	√	
		3.1.2 供应商评估	略			√	√	
		3.1.3 合格供应商管理	略			√	√	
	3.2 供应商考核与评价	3.2.1 供应商月度评价与考核	略			√	√	
		3.2.2 供应商级别动态调整与	略			√	√	
	3.3 采购策划规划与实施	3.3.1 采购策略规划	略			√	√	
		3.3.2 采购下单与跟踪	略			√	√	
		3.3.3 采购订单异常处理	略			√	√	
	3.4 采购货款管理	3.4.1 采购对账	略				√	
		3.4.2 采购货款支付计划及实施	略				√	
4. 生产过程管理	4.1 作业计划管理	作业计划编制与实施	略				√	
	4.2 制程异常管理	4.2.1 制程人员异常处理	略			√	√	√
		4.2.2 制程设备异常处理	略			√	√	√
		4.2.3 制程物料异常处理	略			√	√	√
		4.2.4 制程工艺异常处理	略			√	√	√
		4.2.5 制程环境异常处理	略			√	√	√
5. 仓储及物流管理	5.1 物料仓储管理	物料仓储防护与管理	略				√	√
	5.2 半成品 / 成品仓储管理	半成品 / 成品仓储防护与管理	略				√	√
	5.3 出入库管理	物料、半成品 / 成品入库、出库管理	略				√	√
	5.4 物流管理	5.4.1 物流路线规划	略				√	√
		5.4.2 物流到货确认	略				√	√

续表

工作要项		工作内容	工作标准	供应链职位族职级				
				五级	四级	三级	二级	一级
6. 质量控制	6.1 质量体系及标准	6.1.1 质量体系文件编制与宣贯	略	√	√	√		
		6.1.2 质量标准制定及实施监督	略		√	√	√	
	6.2 物料质量控制	6.2.1 物料质量检测	略			√	√	√
		6.2.2 不合格物料处理	略			√	√	√
	6.3 半成品 / 成品质量控制	6.3.1 半成品 / 成品质量检测	略			√	√	√
		6.3.2 不合格半成品 / 成品处理	略			√	√	√
7. 工艺、设备保证	7.1 工艺保证	7.1.1 工艺文件编制与培训	略			√	√	√
		7.1.2 工艺执行监督	略			√	√	√
	7.2 设备保证	7.2.1 设备安装、调试	略			√	√	√
		7.2.2 设备保养、小修、中修、大修	略			√	√	√
8. 业务支持	8.1 产品研发支持	8.1.1 产品研发试产支持	略			√	√	
		8.1.2 产品研发量产支持	略			√	√	
	8.2 销售支持	8.2.1 销售技术支持	略			√	√	
		8.2.2 销售订单异常处理支持	略			√	√	
	8.3 战略支持	8.3.1 公司内部经营环境分析支持	略	√	√	√		
		8.3.2 战略分析专项支持	略	√	√	√		

2. 供应链职位族知识要素（表 7-18）

表7-18 供应链职位族知识要素规划表

知识要素		供应链职位族职级				
		五级	四级	三级	二级	一级
专业知识	战略管理知识	3级	3级	2级	1级	1级
	供应链知识	5级	5级	4级	3级	2级

续表

知识要素		供应链职位族职级				
		五级	四级	三级	二级	一级
专业知识	生产管理知识	5级	5级	4级	3级	2级
	设备管理知识	5级	5级	4级	3级	2级
	安全管理知识	5级	5级	4级	3级	2级
	现场管理知识	5级	5级	4级	3级	2级
基本知识	公司文化	5级	4级	3级	2级	1级
	制度与流程	5级	4级	3级	2级	1级
	产品/服务知识	5级	4级	3级	2级	2级
	行业基础知识	4级	4级	3级	2级	2级

3. 供应链职位族能力要素（表 7-19）

表7-19 供应链职位族能力要素规划表

能力要素		供应链职位族职级				
		五级	四级	三级	二级	一级
核心能力	战略性思维	5级	4级	3级	2级	1级
	主动应变	5级	4级	3级	2级	2级
	组织协调能力	5级	4级	3级	2级	2级
	跨团队合作	5级	4级	3级	2级	2级
	资源整合能力	4级	3级	2级	2级	1级
基本能力	计划管理能力	4级	4级	3级	3级	2级
	流程/制度执行	4级	4级	3级	3级	3级
	督导能力	4级	4级	3级	2级	2级
	过程控制能力	4级	4级	3级	3级	3级
	专业能力	4级	4级	3级	2级	2级

4. 供应链职位族素养要素（表 7-20）

表7-20 供应链职位族素养要素规划表

素养要素		供应链职位族职级				
		五级	四级	三级	二级	一级
核心素养	敬业精神	5级	4级	3级	2级	1级
	服务意识	5级	4级	3级	2级	1级
	安全意识	5级	4级	3级	2级	1级
	质量意识	5级	4级	3级	2级	1级
	成本意识	5级	4级	3级	2级	1级
基本素养	团队合作	5级	4级	3级	2级	1级
	客户导向	5级	4级	3级	2级	1级
	廉洁	5级	4级	3级	2级	1级
	品质为先	5级	4级	3级	2级	1级
	成本导向	5级	4级	3级	2级	1级

第八章 任职资格认证

一、任职资格认证常用方法

二、任职资格认证准备

三、任职资格认证流程

任职资格认证是对任职者是否达到相应职级任职资格标准要求进行考评，并根据考评结果确定任职者对应职等的过程。通过任职资格认证，一方面可以帮助企业对内部人才进行准确、客观评价，另一方面也可以帮助员工认清自己的长处与短板，为提升自己指明方向。

一、任职资格认证常用方法

根据不同的任职资格标准，企业可以选择不同的认证方法，常见的认证方法有资料查阅法、提问法、观察法、举证法、考试法、小组评价法、行为事件访谈法（BEI）、360 度评价法、180 度评价法、MBTI 职业性格测试、九型人格测试、DISC 个性测验、霍兰德职业兴趣测试等（表 8-1）。

表8-1 任职资格认证内容级常用方法

任职资格项目		认证方法	认证机构
基本任职资格		资料查阅法	人力资源部
工作要素		提问法+观察法+举证法	任职资格认证委员会
知识要素	专业知识	考试法	人力资源部
	基本知识	考试法	人力资源部
能力要素	核心能力	举证法、BEI、360度评价法	任职资格认证委员会
	基本技能	360度评价法、180度评价法	人力资源部
素养要素	核心素养	举证法、BEI、360度评价法	任职资格认证委员会
	基本素养	360度评价法、180度评价法	人力资源部
参考要素	性格特征	MBTI职业性格测试、九型人格测试、DISC个性测验	外部机构
	职业取向	霍兰德职业兴趣测试	外部机构

二、任职资格认证准备

任职资格正式认证前，还需要进行组织准备、认证资料准备。

1. 认证组织准备

在任职资格认证过程中有四种角色，分别是员工、员工所在部门负责人、人力资源部、任职资格认证领导小组，每个角色承担不同的职责，具体如表 8-2 所示。

表8-2 任职资格认证角色分工

角色	职责
员工	（1）按照任职资格标准要求开展日常工作 （2）在直接主管的指导下申请晋级认证 （3）根据任职资格标准要求进行行为举证 （4）根据自身特点主动规划职业发展方向 （5）根据任职资格认证结果，找出自身差距和短板，制订个人成长与发展计划
部门负责人	（1）指导团队成员按照任职资格标准要求开展工作 （2）帮助团队成员制订成长与发展计划，并监督实施 （3）定期评估团队成员能力发展规划执行效果 （4）审核团队成员认证申请
人力资源部	（1）具体负责公司任职资格体系的建设与维护 （2）负责认证组织及认证结果的反馈 （3）员工认证举证资料的审核 （4）员工能力发展规划的组织实施 （5）员工能力发展课程体系的规划、开发和实施
任职资格认证领导小组	（1）作为企业任职资格体系的最高决策机构，负责认证和相关决策 （2）认证资格认证领导小组下设专业认证委员会，负责不同职位族的认证工作 （3）负责员工定级和晋级综合评议及其能力发展计划的综合评议 （4）处理员工认证投诉

2. 认证资料准备

根据任职资格构成，认证资料准备包括：

（1）基本任职资格。需要列出基本任职资格清单，包括学历、专业、岗位经验、工作经验、行业经验、特殊资质要求。

（2）工作要素。工作要素资料准备包括工作要素清单及权重规划、工作要素提问清单、工作要素认证表单。

（3）知识要素。知识要素资料准备包括知识大纲、知识读本、知识考试试卷。

（4）能力要素。能力要素资料准备包括能力标准、评价方法选择、评价人员规划、能力要素认证表单。

（5）素养要素。素养要素资料准备包括素养标准、评价方法选择、评价人员规划、素养要素认证表单。

（6）参考要素。参考要素资料准备包括测评方法选择、评价方选择、测评系统培训。

【案例8-1】深圳信睿科技管理职位族三级管理者工作要素及权重规划（表8-3）

表8-3 深圳信睿科技管理职位族三级管理者工作要素及权重规划

工作要项			工作内容	三级
管事	战略管理	战略分析	战略信息及收集渠道规划	5%
			战略信息收集、整理与分析，并提交战略分析报告	5%
		战略规划	所辖领域职能战略的制定和监控	8%
		战略实施与监控	公司战略实施平台构建与维护	5%
	目标管理	年度目标确定	根据公司年度经营计划，确定相关目标	8%
		目标分解	对确定的目标进行分解（按月、按岗位）	8%
		目标达成计划	根据目标，编制目标达成计划，并保证实施	8%
			及时跟踪目标达成状况，根据实际调整相关实施计划	8%
管人	人才机制	人力资源规划	完善公司人力资源规划（结构规划/成本规划/效率规划/成长规划）	5%
		人力资源管理机制	识别公司关键岗位和核心员工，并为其实施职业规划	3%
	人才选拔	人才培养	根据员工个人爱好及特长，有针对性地对其进行培养	3%
			为员工提供相关的培训项目，并测评培训效果，跟踪培训成果转化状况	3%

续表

工作要项			工作内容	三级
管人	人才选拔	人才选拔	通过绩效评价、年度素质评价等手段，客观公正的评价员工	3%
			根据业绩及素质评价结果，提供员工调整方案并组织实施	5%
对组织	组织再造	组织文化塑造	组织文化的培育及宣导	3%
	组织优化	组织及流程优化	根据需要，对现有组织分工及人员配置进行调整	3%
			调整业务流程 / 管理流程，使组织效率更高、工作关系更协调	3%
		组织协调	部门间工作关系的建立和维护	3%
	组织执行	流程 / 制度执行	对流程 / 制度实施状况进行监监控	5%
		组织分工	清晰组织分工及工作职责	3%
			熟悉掌握部门职能、岗位说明书描述方法	3%
合计		—	—	100%

三、任职资格认证流程

准备工作完成后，企业就可以正式开展任职资格认证工作了，具体认证流程如下：

（1）自评。由认证申请人对照相应等级的任职资格标准进行自我评价，并需要填写《任职资格认证自评表》。

（2）申请认证。根据自评结果，员工可以申请任职资格认证申请，认证申请有两种情况，初次认证申请、升级认证申请。

（3）测评。由任职资格认证领导小组和人力资源部对申请人进行单项测评，并将记录测评结果。

（4）综合评议。汇总测评结果，在认证会议上进行综合评议，确定最终认证结果。

（5）撰写认证报告。由任职资格认证领导小组指定各专业认证委员会撰写认证报告。

（6）认证沟通。根据认证报告由专业认证委员会与认证申请人进行面对面沟通。

（7）颁证。对于认证达到相应级别的员工由任职资格认证领导小组颁发专业任职资格证书，专业任职资格证书作为员工的任职资格证明在公司范围内通用，可作为薪酬定级及调整的依据，也可以作为岗位异动的依据。

【案例 8-2】深圳信睿科技管理职位族认证报告展示

深圳信睿科技进行管理职位族认证时，我们为该企业 45 位管理者进行了全方位认证，下面摘选某三级管理者认证报告供读者参考。

第一部分：基本任职资格认证结果（表 8-4）

表8-4 基本任职资格认证记录

基本任职资格项目	任职资格要求	实际状况	认证结果
学历	本科	研究生	达标
专业	工商管理/相近专业	工商管理	达标
工作经验	8年	11年	达标
行业经验	5年	11年	达标
管理工作经验	5年	7年	达标

第二部分：工作要素认证结果（表 8-5）

表8-5 工作要素认证记录

工作要项			三级管理者工作内容	权重	评委1（分）	评委2（分）	评委3（分）	平均得分
管事	战略管理	战略分析	战略信息及收集渠道规划	5%	3	3.5	4	3.5
			战略信息收集、整理与分析，并提交战略分析报告	5%	3	4	4	3.67
		战略规划	所辖领域职能战略的制定和监控	8%	6.4	5.6	6.4	6.13
		战略实施与监控	公司战略实施平台构建与维护	5%	3.5	4.5	3.5	3.83

续表

工作要项			三级管理者工作内容	权重	评委1（分）	评委2（分）	评委3（分）	平均得分
管事	目标管理	年度目标确定	根据公司年度经营计划，确定相关目标	8%	8	7.2	6.4	7.2
		目标分解	对确定的目标进行分解（按月、按岗位）	8%	7.2	7.2	7.2	7.2
		目标达成计划	根据目标，编制目标达成计划，并保证实施	8%	6.4	8	7.2	7.2
			及时跟踪目标达成状况，根据实际调整相关实施计划	8%	6.4	6.4	6.4	6.4
管人	人才机制	人力资源规划	完善公司人力资源规划（结构规划/成本规划/效率规划/成长规划）	5%	4	3.5	3.5	3.67
		人力资源管理机制	识别公司关键岗位和核心员工，并为其实施职业规划	3%	2.1	1.8	2.4	2.1
	人才选拔	人才培养	根据员工个人爱好及特长，有针对性地对其进行培养	3%	2.7	3	3	2.9
			为员工提供相关的培训项目，并测评培训效果，跟踪培训成果转化状况	3%	3.5	2.4	2.7	2.87
		人才选拔	通过绩效评价、年度素质评价等手段，客观公正地评价员工	3%	3	2.7	2.7	2.8
			根据业绩及素质评价结果，提供员工调整方案并组织实施	5%	4	4	3.5	3.83
对组织	组织再造	组织文化塑造	组织文化的培育及宣导	3%	2.7	1.8	2.4	2.3
	组织优化	组织及流程优化	根据需要，对现有组织分工及人员配置进行调整	3%	2.7	2.4	1.8	2.3
			调整业务流程/管理流程，使组织效率更高、工作关系更协调	3%	2.4	1.8	2.4	2.2
		组织协调	部门间工作关系的建立和维护	3%	2.7	2.4	2.4	2.5

续表

工作要项			三级管理者工作内容	权重	评委1（分）	评委2（分）	评委3（分）	平均得分
对组织	组织执行	流程/制度执行	对流程/制度实施状况进行监监控	5%	3.5	4.5	3.5	3.83
		组织分工	清晰组织分工及工作职责	3%	2.1	2.4	2.4	2.3
			熟悉掌握部门职能、岗位说明书描述方法	3%	2.7	2.7	2.7	2.7
合计		—	—	100%	82	81.8	80.5	81.43

第三部分：知识要素认证记录（表8-6）

表8-6 知识要素认证记录

知识要素	专业知识				基本知识			
	战略管理知识	组织管理知识	流程管理知识	人力资源知识	公司文化	制度与流程	产品/服务知识	行业基础知识
单项成绩	78分	85分	68分	90分	88分	76分	60分	88分
综合成绩	80.25分				78分			

第四部分：能力要素认证记录（表8-7～表8-9）

表8-7 能力要素标准

能力要素		等级要求	能力要素标准
核心能力	为客户创造价值	3级	（1）主动反思产品和服务的问题并提出改进措施 （2）从客户提出的问题中，找出背后在制度和流程中的漏洞，通过制度和流程的改进，保障产品和服务的持续优化，根治问题 （3）和客户保持密切联系，以主动沟通、倾听客户声音等方式总结及反思对客户服务的改进效果
	战略规划能力	3级	在组织整体战略的大范围内，根据局部（区域）的特点和条件设计落实管辖范围内的工作
	战略决策	2级	能够坚持立场，决策时以事实为依据，拒绝他人不合理的要求；对一些例外事项和突发事件能独立判断，做出决策

续表

能力要素		等级要求	能力要素标准
核心能力	塑造组织能力	3级	（1）规划并建立组织架构、业务与管理流程、团队人才发展等组织机制 （2）建立组织能力提升的动态调整和监督机制，如设定组织能力提升的目标并定期持续评估和跟踪
	培养与指导他人	3级	（1）愿意与他人分享成败的经验，提供为什么要采用某种做法的道理，帮助他人理解以强化培训效果，并利用提问题、测验或其他方法来判断他人是否理解，以协助其顺利完成任务 （2）为下属的工作提供具体的支持和帮助（例如，主动提供有用的工具、有价值信息和资源条件支持等）
	影响他人	3级	（1）善于换位思考，能够根据对方的关注点把握恰当时机，灵活选择适合对方的说服影响方式或调整影响的内容和形式 （2）预先考虑到不同对象的可能反应，提前做出准备或预备方案
基本能力	目标管理能力	3级	（1）能够独立制订所负责的团队或者所管辖领域的工作目标与计划，并能对目标进行有效分解 （2）能够对目标与计划实施过程中存在的潜在的风险与障碍，并能制定相应的应对措施
	计划管理能力	3级	建立监控和反馈机制，能够从整体上把握计划实施进程
	领导能力	3级	善于分配工作与权力，并能积极传授工作知识，引导被授权员工完成任务，并能够防范授权的风险
	团队建设能力	3级	能够有计划地给予下属包含工作实践或理论基础在内的系统指导，或为下属提供额外的信息、工具、建议等，通过团队成员能力的不断提升，完成较复杂的团队工作目标
	文化传播能力	3级	能够把握正确的舆论导向，并能够利用公司各种途径有意识地向其他人员影响和传播
	决策能力	3级	能够对下属提出的重要建议进行决策或能向上级提供重要的合理决策建议，并能对影响决策因素进行全面分析，决策较为准确
	自控能力	3级	能够使用压力管理技巧来控制自己面对压力与挫折时的情绪，避免崩溃，有效排解压力

表8-8 核心能力要素认证记录

核心能力要素	为客户创造价值	战略规划能力	战略决策	塑造组织能力	培养与指导他人	影响他人
等级要求	3级	3级	2级	3级	3级	3级
上级评价（分）	85	95	95	95	95	100
同级评价（分）	86.3	89.8	89.3	90	89.3	87.8
下级评价（分）	90	97.5	95	97.5	93	93.6
综合评价（分）	87.075	94.575	93.575	94.625	92.875	94.71
自评（分）	75	85	85	85	80	85
差异分析	−16.10%	−11.26%	−10.09%	−11.32%	−16.09%	−11.42%
备注	（1）综合评价＝上级评价 ×40%＋同级评价 ×25%＋下级评价 ×35% （2）差异＝（自评－综合评价）/ 自评 ×100% （3）差异大于 5%，说明自评明显偏高，属自我感觉良好型；差异小于 −5%，说明自评明显偏低，自我认知偏低，属谦虚谨慎型；差异介于 ±5% 之间，说明自评与综合评价一致，评价准确，属客观公正型 （4）核心能力要素综合评价平均得分 92.9 分					

表8-9 基本能力要素认证记录

基本能力要素	目标管理能力	计划管理能力	领导能力	团队建设能力	文化传播能力	决策能力	自控能力
等级要求	3级	3级	3级	3级	3级	3级	3级
上级评价（分）	95	95	100	100	80	85	80
同级评价（分）	86.5	90	89.5	89	78.5	83.6	78.6
下级评价（分）	91.3	96.3	88	75	91.3	88.6	83.5
综合评价（分）	91.58	94.205	93.175	88.5	83.58	85.91	80.875
自评（分）	75	90	85	85	85	85	90
差异分析	−22.11%	−4.67%	−9.62%	−4.12%	1.67%	−1.07%	10.14%
备注	基本能力要素综合评价平均得分 88.26 分						

第五部分：素养要素认证记录（表 8-10 ～表 8-12）

表8-10 素养要素标准

素养要素		等级要求	素养要素标准
核心素养	拥抱变化	3级	（1）世上唯一不变的就是变化，变化创造机会，拒绝变化等于放弃发展机遇 （2）变化的核心目的是提升公司竞争力 （3）拥抱变化的核心是打开心门、突破原有的心智模式，积极面对变化带来的压力和挑战 （4）被动改变迟早被淘汰，率先变革方能立足潮头
	坚忍	3级	坚定不移地沿着既定目标前进并持续关注目标，即使处于艰苦或不利的情况下，也能克服外部和自身的困难，坚持实现目标
	高效	3级	（1）高效就是以最少的资源，达成目标，并为用户创造一流体验 （2）资源永远是有限的，管理人员的天职就是要将资源进行优化配置 （3）时间是最稀缺的资源，合理配置时间是实现高效的基础，浪费时间是最大的浪费 （4）业绩优秀的人能够使用现有资源达成目标，业绩卓越的人能够在资源不足的情况下完成或超额达成目标
	激情	3级	（1）激情来自于坚定的信念、对实现目标的渴望、对组织的认同、对工作的热爱 （2）激情可以传递能量、振奋士气、凝聚团队、提高战斗力 （3）激情不是一时冲动，是长期坚持和持续体现的精神状态 （4）充满激情的人主动找方法，相信“办法总比困难多”，永不言弃
基本素养	成就导向	3级	自己设立衡量优异的标准：自己设定用来衡量优异工作产出的标准，而不是一套来自上级管理要求的工作标准，并且自己设定的工作标准通常会高于上级管理要求的工作标准，主要体现在费用、质量、时间效率管理等方面
	战略思维	3级	（1）从全局的角度平衡各种因素的利弊，运用情景规划的方式思考不同战略的可行性，利用手上的工作和资源，寻找战略发展点和机会点，找出最佳执行方案 （2）在多变情境中，迅速抓住业务成败的核心因素，建设性的执行
	正直坦诚	3级	（1）面临冲突和分歧时，不回避矛盾，敢于表明并坚持个人观点，能够客观公正地做出决策 （2）面对利益诱惑时，坚守职业操守，不为所动

续表

素养要素		等级要求	素养要素标准
基本素养	大局意识	3级	能够站在集团的角度来完成集团对公司的战略使命要求，同时能够兼顾集团的整体利益与长期发展需求
	追求卓越	3级	（1）主动为自己订立具有挑战性的目标并积极采取具体行动去实现目标 （2）勇于迎难而上，主动承担公司所设定的挑战性目标，在团队成员中起模范带头作用
	职业动机	3级	在困难面前，意志坚强，始终保持以完成工作任务为中心

表8-11　核心素养要素认证记录

核心素养要素	拥抱变化	坚忍	高效	激情
等级要求	3级	3级	3级	3级
上级评价（分）	90	80	80	95
同级评价（分）	86.3	85	80	87
下级评价（分）	85	85	90	90
综合评价（分）	87.325	83	83.5	91.25
自评（分）	75	85	85	85
差异分析	-16.43%	2.35%	1.76%	-7.35%
备注	核心素养要素综合评价平均得分86.27分			

表8-12　基本素养要素认证记录

基本素养要素	成就导向	战略思维	正直坦诚	大局意识	追求卓越	职业动机
等级要求	3级	3级	3级	3级	3级	3级
上级评价（分）	80	95	75	85	80	85
同级评价（分）	86.5	88	89.5	89	78.5	80
下级评价（分）	85	88.8	88	75	88.5	84
综合评价（分）	83.375	91.08	83.175	82.5	82.6	83.4
自评（分）	75	90	85	85	85	85
差异分析	-11.17%	-1.20%	2.15%	2.94%	2.82%	1.88%
备注	基本素养综合评价平均得分84.36分					

第六部分：参考要素认证结果（略）

第七部分：总体认证结果（表 8-13）

表8-13　深圳信睿科技某三级管理者认证结果汇总

任职资格构成	权重	定义	得分	最终认证得分	认证结论
基本任职资格	0	—	根据资料查阅结果确定	—	达标
工作要素	45%	职业等	X＞90分		
		普通等	80分＜X≤90分	81.43分	三级普通等
		基础等	70分＜X≤80分		
		预备等	60分＜X≤70分		
		不达标	X≤60分		
专业知识要素	5%	达标	X＞75分	80.25分	达标
		不达标	X≤75分		
基本知识要素	5%	达标	X＞75分	78分	达标
		不达标	X≤75分		
核心能力要素	15%	职业等	X＞90分	92.9分	三级职业等
		普通等	80分＜X≤90分		
		基础等	70分＜X≤80分		
		预备等	60分＜X≤70分		
		不达标	X≤60分		
基本能力要素	10%	职业等	X＞90分		
		普通等	80分＜X≤90分	88.26分	三级普通等
		基础等	70分＜X≤80分		
		预备等	60分＜X≤70分		
		不达标	X≤60分		

续表

任职资格构成	权重	定义	得分	最终认证得分	认证结论
核心素养要素	15%	职业等	X＞90分		
		普通等	80分＜X≤90分	85.69分	三级普通等
		基础等	70分＜X≤80分		
		预备等	60分＜X≤70分		
		不达标	X≤60分		
基本素养要素	5%	职业等	X＞90分		
		普通等	80分＜X≤90分	84.36分	三级普通等
		基础等	70分＜X≤80分		
		预备等	60分＜X≤70分		
		不达标	X≤60分		
参考要素	0	—	根据专项测评结果判定	—	—
备注	（1）认证最终得分 =81.43×45%+80.25×5%+78×5%+92.9×15%+88.26×10%+85.69×15%+84.36×5%=84.389 分 （2）根据信睿科技《任职资格认证办法》最终确定认证结果为管理三级普通等				

【案例 8-3】深圳信睿科技任职资格认证办法

第一条　目的

1. 建立员工能力管理体系，提升员工的职业化水平，增强公司的核心竞争能力。

2. 夯实人力资源管理基础，提高人力资源管理系统的有效性。

3. 建立员工职业化发展通道，推动员工职业化建设。

第二条　适用范围

本制度适用于公司任职资格的认证过程管理。

第三条　原则

1. 战略性原则：体现公司的文化导向，有助于公司战略目标的实现。

2. 系统化原则：强调与其他人力资源管理系统的联系、衔接。

3. 行为导向原则：关注员工工作行为，把实际行为表现作为任职资格管理的核心内容。

4. 平衡性原则：任职资格管理既关注基本素质，又关注工作能力。

5. 分类原则：以职位类别作为任职资格管理的基础和依据。

第四条　任职资格管理组织

1. 任职资格管理组织由任职资格认证领导小组、人力资源部、各级管理者和员工等构成。

2. 任职资格认证领导小组由公司高层与人力资源负责人组成，是任职资格管理的最高决策者。

3. 人力资源部是任职资格管理的组织者和归口管理部门。

4. 各级管理者包括公司领导和各部门负责人，是任职资格管理的具体实施和推动者。

5. 员工是任职资格管理的直接参与者。

第五条　任职资格管理职责

1. 任职资格认证领导小组。

（1）指导任职资格管理体系建设，审议任职资格管理标准及制度。

（2）推动、监督任职资格管理的实施。

（3）审议任职资格认证结果。

（4）组织处理员工任职资格结果的申诉。

2. 人力资源部。

（1）组织设计、维护各职族的任职资格标准。

（2）负责制订、维护任职资格管理制度 / 流程，并监督实施。

（3）负责任职资格认证工作的整体筹划，指导、监督各职位类别的认证工作。

（4）负责任职资格认证的资格审查和素质标准的测评。

（5）汇总、审核任职资格认证结果，并报任职资格认证领导小组审议。

（6）受理员工有关申诉，并进行处理。

（7）负责员工任职资格管理档案的管理。

（8）负责与任职资格认证领导小组的工作联络。

3. 各级管理者。

（1）负责宣传、推行任职资格管理。

（2）组织本职族的任职资格标准的设计、修订、评审工作。

（3）组织本部门员工的任职资格认证工作。

（4）参与任职资格认证工作。

（5）指导、督促下属进行工作改进。

（6）配合处理员工申诉事宜。

4. 员工。

（1）参与任职资格标准设计。

（2）学习、掌握任职资格标准。

（3）提出认证申请，收集并整理工作证据。

（4）对照任职资格标准，进行工作改进。

第六条　任职资格标准设计

1. 对于需要设计任职资格标准的职位族及职系，人力资源部组织相关专业领域人员进行设计。

2. 每类任职资格标准根据该职位族及职系的需要分为若干级别，每类任职资格标准中均包括基本任职资格、工作要素、能力要素、素养要素及参考要素。

3. 设计完成后，报任职资格认证领导小组审议，评审确认后以文件形式签发执行。

第七条　任职资格标准维护

1. 人力资源部每年定期对各类别任职资格标准进行统一修订、完善。

2. 当公司实际情况发生较大变化时，人力资源部也可随时对相应类别的任职资格标准进行修订、完善。

3. 任职资格标准维护方法、程序与任职资格标准设计相同。

第八条　任职资格认证原则

1. 申请原则：员工参与任职资格认证需提出申请，经审查合格后方能进入后续认证工作。

2. 客观公正：强调以事实和证据为依据。

3. 认证和辅导相结合：认证过程既是评价过程，又是指导过程。

4. 逐级认证：非经任职资格认证领导小组审议通过，任何员工不能跨级申请认证。

第九条　任职资格标准各模块认证时间（表 8-14）

表8-14　任职资格认证时间规划

任职资格构成	认证时间
工作要素	每年一次（具体时间由人力资源部另行通知）
知识要素	每年一次（具体时间由人力资源部另行通知）
能力要素	新员工转正、职位晋升、职位调动、团队成员选拔
素养要素	新员工转正、职位晋升、职位调动、团队成员选拔
参考要素	新员工转正、职位晋升、职位调动、团队成员选拔

第十条　任职资格标准认证组织

1. 针对每一个职位类别，人力资源部组织成立相应的认证工作小组。

2. 认证工作小组由该类别人员的中高层管理者、公司高层管理者以及公司人力资源部专业人员组成。

3. 认证工作小组人数一般不少于 3 人，一般由认证组长、认证小组成员和认证助理组成。

第十一条　任职资格标准各模块认证方法（表 8-15）

表8-15　不同任职资格认证方法

任职资格构成	应用领域	认证方法
工作要素	职位晋升	证据法 + 关键事件法 + 提问法 + 第三方证词 + 观察法
	能力评定	
	核心人才储备	
知识要素	职位晋升	考试法
	年度培训计划	
能力要素、素养要素	招聘面试	结构化测评
	职位晋升	360 度考核 + 述职法
	职位调动	人才测评 +360 度考核
	团队组建	人才测评 +360 度考核

续表

任职资格构成	应用领域	认证方法
参考要素	招聘面试	MBTI 职业性格测试、霍兰德职业兴趣测试
	职位晋升	

第十二条　任职资格标准业务能力模块认证流程

1. 认证申请。

（1）员工填写《任职资格认证申请表》，向人力资源部提出认证申请。

（2）人力资源部根据申请认证的任职资格标准要求，从参加培训情况、上次认证结果以及绩效考核等方面对申请人的认证资格进行审查。

（3）通过资格审查的申请人方可参加当年度任职资格认证。

2. 认证准备。

（1）认证工作小组汇总认证申请，制订认证工作计划，并和申请人沟通确认。

（2）认证工作小组和申请人分别收集、整理各类工作证据。

（3）取得的证据应满足真实性、有效性和充分性。

3. 认证研讨。

（1）认证工作小组和申请人一起围绕任职资格标准及相关证据，就申请人的达标情况进行评判。

（2）认证过程中，认证助理须做好记录和资料整理工作。

（3）认证研讨结束后，认证工作小组共同协商确定申请人的认证结果。

4. 认证评审。

（1）认证助理汇总申请人的认证结果和认证资料，报任职资格认证领导小组评审。

（2）任职资格认证领导小组对认证过程、证据和结果进行审查与审批。

5. 认证反馈。

（1）认证工作小组向申请人反馈认证结果，解答申请人的疑问，并与申请人一起制订工作改进计划。

（2）认证工作小组指导、督促申请人进行工作改进。

第十三条　任职资格标准认证结果

1. 根据业务能力行为标准的达标率确定认证结果。

2. 管理职族分为三级，每级认证结果分为三等；其他专业 / 技术职族分为五级，每级认证结果分为三等，如表 8-16、表 8-17 所示。

表8-16　分项认证结果及认证等级

任职资格构成	权重	定义	得分
基本任职资格	0	—	根据资料查阅结果确定
工作要素	45%	职业等	X＞90分
		普通等	80分＜X≤90分
		基础等	70分＜X≤80分
		预备等	60分＜X≤70分
		不达标	X≤60分
知识要素	10%（其中专业知识5%，基本知识5%）	达标	X＞75分
		不达标	X≤75分
能力要素	25%（其中核心能力15%，基本能力10%）	职业等	X＞90分
		普通等	80分＜X≤90分
		基础等	70分＜X≤80分
		预备等	60分＜X≤70分
		不达标	X≤60分
素养要素	20%（其中核心素养15%，基本素养5%）	职业等	X＞90分
		普通等	80分＜X≤90分
		基础等	70分＜X≤80分
		预备等	60分＜X≤70分
		不达标	X≤60分
参考要素	0	—	根据专项测评结果判定

表8-17　总体认证得分对应等级

认证等级	认证得分
职业等	X＞90分
普通等	80分＜X≤90分
基础等	70分＜X≤80分
预备等	60分＜X≤70分
不达标	X≤60分

第十四条　任职资格认证申诉

1. 员工对任职资格认证过程或结果有疑问时，可向人力资源部投诉。

2. 人力资源部会同认证工作小组对投诉事件进行调查、处理，并于5个工作日内提出书面处理意见。

3. 投诉虚假者，人力资源部应对员工进行批评教育。投诉属实者，给予相关责任人必要的行政处罚。

4. 人力资源部公布员工投诉处理意见，并监督执行。

第十五条　任职资格认证复审

1. 复审对象：长时间没有获得任职资格晋升，也没有进行职位类别之间轮换者。

2. 复审时间：每三年对通过任职资格认证的人员复审一次。

3. 复审方式：与任职资格认证方式相同。

4. 复审未通过者，限期一年认证通过，否则取消其任职资格。

第十六条　任职资格标准认证结果应用

1. 职业发展。

（1）员工在本职位对应的专业序列内发展时，只有当任职资格标准中工作标准模块认证成绩为75分以上，且满足公司有关培训要求，方能取得申请上一级认证条件。

（2）员工跨专业序列发展时，在通过相应培训考核后，由人力资源部进行素质方面测评并出具素质报告后，可进行类别转换。

（3）员工获得晋升或进行类别转换后，必须在规定的期限内通过相应级别的任职资格标准认证，否则将相应自动下降一个级别。

2. 薪酬管理。

根据公司薪酬结构以及薪酬支付能力，任职资格认证结果直接决定员工能力工资水平所处的等级水平。

3. 人才储备：任职资格认证结果为75分以上者可作为人才储备对象进行重点培养。

4. 个人荣誉：公司可给予高级别任职资格人员精神嘉奖，并授予相应的资格证书。

5. 培训管理。

（1）根据各类别、不同级别任职资格标准所要求的关键知识，建立相应的培训课程体系和考核体系。

（2）将任职资格相关课程作为培训的重要内容之一，培训资源向这方面倾斜。

6. 人事管理。

（1）人力资源部收集任职资格管理过程资料，为每位员工建立任职资格管理档案。

（2）任职资格管理档案应作为员工人事档案的重要组成部分，作为人事数据分析内容之一。

第十七条　附则

1. 本办法每年底修订一次，由人力资源部根据公司内部的实施情况提出修订建议，本制度的修订、终止以及最终解释权归任职资格认证领导小组。

2. 本办法自发布之日起执行。

第三部分

PART THREE

任职资格应用

制定高标准，找到A级选手。除非你不想做好，否则永远不要让B级、C级选手充斥团队。

——杰夫·斯玛特、兰迪·斯特里特

胜任力是能将某一工作中有卓越成就者与普通者区分开来的个人的深层次特征，它可以是动机、特质、自我形象、态度或价值观、某领域知识、认知或行为技能等任何可以被可靠测量或计数的并且能显著区分优秀与一般绩效的个体特征。

——麦克利兰

爱祖国、爱人民、爱事业和爱生活是我们凝聚力的源泉。责任意识、创新精神、敬业精神与团结合作精神是我们企业文化的精髓，实事求是是我们行为的准则。

——《华为基本法》

要想成为一名优秀的管理者，不仅需要掌握相应的管理知识，还需要具有一定的管理能力和管理素养，同时管理者还需要通过开展相应的管理工作带领团队成员达成团队目标。

——本书作者

第九章 任职资格与招聘

一、基于任职资格的结构化面试题库

二、基于任职资格的招聘计分卡

三、基于任职资格的员工试用期评价

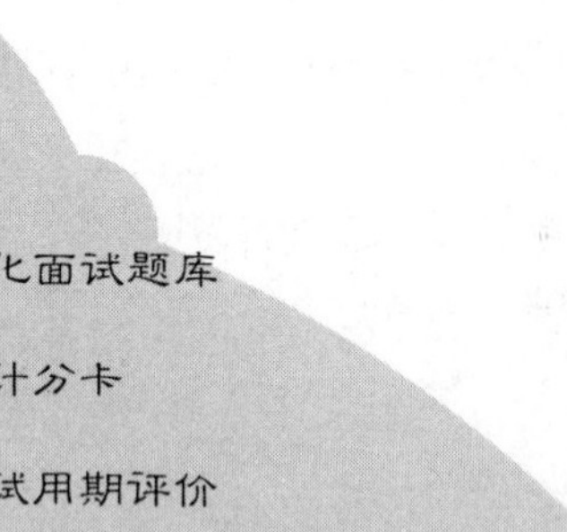

几乎每家企业都会面临没人用、招不到合适的人的窘境，但同时在人才大市场、各大招聘网站又有很多人面临找不到工作的尴尬。原因何在？估计跟很多企业缺乏系统的员工甄选与招聘体系有很大关系。每家企业都期望找到心目中的“千里马”，但缺乏对“千里马”的定义，而很多应聘者又期望碰到心目中的“伯乐”，但“伯乐”在哪里，如何才能找到“伯乐”，估计对很多应聘者也是一个问题。

其实，任职资格就可以帮助企业解决这一难题！

一、基于任职资格的结构化面试题库

在员工招聘过程中，比较难的一点是如何设计结构化面试题库，让面试者从不同角度对应聘者进行客观评估。我们知道，不同职位族、不同职系的任职资格要求是不同的，为了提升面试评价的全面性和准确度，企业需要根据不同职位族、不同职系的任职资格标准（特别是能力要素、素养要素）开发相应的面试题库，然后针对不同岗位的任职资格要求匹配合适的面试题（表 9-1）。

基于任职资格的结构化面试题库开发需要注意两点：

（1）面试问题必须紧扣公司任职资格要素的定义。

（2）面试问题必须符合“STAR 模型”，其中，“S”是 Situation（情景）、“T”是 Target（目标）、“A”是 Action（行动）、“R”是 Result（结果）。用 STAR 模型开发面试问题的基本逻辑是这样的：先问情景（Situation）：“以前是在什么情况下做这件事的”，然后问目标（Target）：“能不能告诉我你做这件事的目的是什么”，接下来问行动（Action）：“你为了做这件事情采取了哪些行动”，最后问结果（Result）：“做完这件事情的结果是什么”。

表9-1　常用任职资格要素面试题库（部分）

任职资格要素		面试题库
核心能力	为客户创造价值	（1）你是如何理解“客户就是上帝”这一理念的？请讲一件在你过去的工作经历中体现这一理念的事情，当时是什么情况？你是如何做的 （2）请讲你在过去的工作中超越客户期望的一次经历？当时是什么情况？你是如何做的？最后客户的反应如何

续表

任职资格要素		面试题库
核心能力	为客户创造价值	（3）你所在岗位存在的价值是什么 （4）你所在岗位的客户是谁？客户的核心诉求是什么？你怎样满足客户诉求
	战略性思维	（1）你是如何理解“人无远虑，必有近忧”这句话的 （2）“预则立，不预则废”，这句话告诉我们什么道理？你是怎么理解的
	战略规划能力	（1）企业发展战略规划的常规做法是什么？你如何看待发展战略与年度经营计划之间的关系 （2）你曾经主导过企业发展战略规划吗？你是如何做的？实施效果如何 （3）请你说说自己能够发现机会或者问题，进行分析，并且做出为组织带来价值的决策的例子。是什么样的机会或者问题？你采取了什么行动？最后的结果如何
	战略决策	（1）请谈谈你最近一次做出的重大经营决策的过程。当时是什么情况？你是怎么做的？最终的结果如何 （2）请描述一个你需要对最佳行动方案做出决策以应对问题或者机遇的情形。你做了什么？为什么要这么做 （3）在变幻莫测的环境中，决策不可能总是正确的，在你以前的工作中，你做得最不满意的一项决策是什么？请详细谈谈当时的情况 （4）请举例说明你曾经在信息有限的情况下迅速解决的问题。你是如何着手处理的？最后结果怎么样
	主动应变	（1）你的上司给你布置了一项超出你能力范围的工作，你将如何处理 （2）面临一个不讲道理的人跟你胡搅蛮缠，你会怎样处理
	创新能力	（1）讲讲过去3个月里你们部门发生的一些变化。你是怎样让部门和员工们适应那些变化的 （2）请说出一个你将某个想法实施到某个产品、系统或者服务的引进或者改进中的例子 （3）你能给我们讲一个你在工作中创造性地解决问题的例子吗 （4）你能说说是你自己想到的并且应用到实际工作中的最有创造性的想法吗？这个想法是何时产生的？你是如何想到的？想法实施的结果如何 （5）你在日常管理和解决问题的过程中有没有使用过非经验性的想法和做法的经历 （6）你是否遇到过需要打破常规或既有的规定来灵活处理实际问题的情况？（如有）请举例说明
	塑造组织能力	（1）你是如何理解组织管理幅度和管理层次的？管理幅度与管理层次之间的关系是什么 （2）假如让你组织一次野外拓展训练，你将如何做 （3）你如何解决组织当中的分工与协作的事情

续表

任职资格要素		面试题库
核心能力	领导团队	（1）请举出几个你指导他人达成个人或者组织目标的例子。你做了什么事情？结果如何 （2）请描述一下向你直接汇报的下级在个人发展上的需求，为了帮助他们解决这些需求你做过些什么 （3）请描述一个你需要管理一个工作业绩较差的员工的例子。具体的情境是怎样的？你是如何与他进行沟通的？他在绩效上有什么提高吗
	培养与指导他人	（1）请讲一件你亲身经历的事情，你是如何将一个业绩普通的员工培养成公司业务骨干的？这个员工在接受你的培养指导前是怎样的？你对他采取了哪些针对性的培养措施？你认为他能成为公司业务骨干的主要因素是哪些 （2）你做过什么事情来促使他人工作能力得到最大限度发挥？请举例说明。你是如何发现他人发展的潜力的？ 你所做的事情效果如何？在培养和授权他人方面你的心得有哪些？在培养他人方面有哪些技巧是你希望能够提高的 （3）请描述你需要帮助他人来提高技能、知识或者能力的例子？你做了哪些？什么是最困难的？你的做法有效吗？结果如何
	组织协调能力	（1）请讲讲你亲自担任一个大型活动或会议总负责人的经历。这次活动或会议的难点是什么？会动用哪些资源（含人、财、物）？在协调这些资源中碰到哪些困难？你是如何解决的 （2）假如由你主持召开某月的总经理办公会（高层和各部门负责人参加），会议前一天有人请假外出会见一个重要客户，而这个同事原计划要在总经理办公会上做重要发言，请问你准备如何处理 （3）你能说出一个你为了组织利益而去发展或者利用关系（内部或者外部）的例子吗
	跨团队合作	（1）请举例说明你在领导一个项目时如何协调和运用内外部资源（包括时间、经费和人力资源等） （2）请举例说明在领导项目过程中，你面临过哪些资源上的限制，你是如何解决的 （3）请举例说明你是如何协调不同部门资源推动部门间合作的
	影响他人	（1）请举例说明你如何向他人推荐你的意见和想法。你如何获得他人的认可，并促使他们专注于实现这一想法 （2）请举例说明你如何有效影响他人（通过与内外部关键性人物，如客户、监管机构、行业专家建立良好关系或进行游说），使其支持公司的业务目标和价值 （3）你曾经说服他人去实现一个看似无法达到的目标吗？你是如何做到的？其结果如何 （4）你曾经协调冲突双方达成共识吗？你是如何做到的？其结果如何 （5）你是否曾经要让你的同事或者上级去为他们不情愿做的事情给予支持？请说说你做了哪些事情，结果如何

续表

任职资格要素		面试题库
核心能力	影响他人	（6）在工作中，你在让客户或同事接受你的工作思路和决定时，是否遇到过困难？你是如何处理的 （7）请你举一例说明你曾经使某人做他并不喜欢做的事情 （8）你在让他人接受你的观点时，是否遇到过困难？你是如何做的
	资源整合能力	（1）在你眼中，所谓的资源包括哪些 （2）请你分享一件过去工作中在资源严重匮乏的情况之下，通过你的努力达成目标的事情？当时是什么情景？你是怎样做的？最后的结果怎样
基本能力	目标管理能力	（1）你通常是如何有效监控团队成员工作目标与工作计划执行情况的 （2）举个例子来说明一下你曾经做过的项目的计划及实施过程 （3）请说说你在自己部门里执行长期或者短期的计划的例子。你是怎样保证计划能够符合时间、进程和成本要求的 （4）请描述你是如何为自己或者他人的工作制定计划的？请举出一些具体的例子 （5）你如何监控和跟踪计划的实施过程，从而保证计划的落实 （6）请举出你的公司里多个部门需要一起合作来完成某项目标的例子。你在这种情况下做了什么？你在这个过程中的参与到了什么程度
	计划管理能力	（1）你如何监控和跟踪计划的实施过程，从而保证计划的落实 （2）你是如何将公司目标分解到部门计划中的？这些目标又是如何分解到各个下属岗位的？请举例说明 （3）阻碍部门工作计划有效执行的因素有哪些？你是如何解决的 （4）举例说明如何使下属明确任务要求和衡量标准 （5）举例说明在下属编制工作计划和实施的过程中给予的各种支持
	执行能力	（1）举例说明最近按时完成的一项重要工作任务，自己对工作质量评价如何？上级的评价如何 （2）举例说明曾经达到上级的期望甚至超越上级的期望的工作，其初始条件是怎么样的，你是如何达成的 （3）上级布置了一项临时紧急任务，与你手头上正在处理的重要任务有冲突，你将如何处理
	制度执行能力	（1）在你执行一项工作任务时，公司的制度与效率发生了冲突，你将如何处理？需要协调其他部门而协调不动时怎么办 （2）当你看到一名员工在违反公司制度，你会如何处理？请讲一个过去你遇到的例子
	领导能力	（1）举例说明你曾经提出过并被采纳的调整你所领导的团队职责分工情况，包括授权、岗位设置、编制等，这些调整建议带来了哪些分工上的优势？存在哪些风险？如何控制风险 （2）你对下属在完成工作任务的过程中给予过哪些帮助？当下属提出一些不合理的资源需求时，你是如何答复的

续表

任职资格要素		面试题库
基本能力	领导能力	（3）举例说明你所领导的团队中，授权存在哪些风险？这些风险你是如何监控的
	团队建设能力	（1）请讲一件你亲身经历的事情，说明你是如何将一个业绩普通的员工培养成公司业务骨干的：这个员工在接受你的培养指导前是怎样的？你对他采取了哪些针对性的培养措施？你认为他能成为公司业务骨干的主要因素是哪些 （2）你做过什么事情来促使他人工作能力得到最大限度发挥？请举例说明 （3）在培养他人方面有哪些技巧是你希望能够提高的
	文化传播能力	（1）描述你对公司的企业文化的理解 （2）你参与或组织过的文化活动有哪些？你在这个文化活动过程中的角色是什么 （3）你在公司的企业文化建设中，曾经提出过什么好的建议 （4）你是通过哪些渠道向公司内外传播公司的企业文化的
	过程监控能力	（1）你对下属在制定工作目标和工作计划时的要求具体到什么程度 （2）你是如何对下属工作完成进度和最终达成情况进行检查的？请举例说明 （3）对于月度的工作目标，你会多久关注一次工作进度情况？你会要求下属多久向你汇报一次 （4）当下属的工作进展偏离既定目标时，你是如何处理的 （5）在过去的工作中，举例说明你的下属出现的最大的工作失误。当时你采取了什么样的措施？结果如何
	冲突解决能力	（1）请你讲一下和一个习惯非常糟糕的人在一起工作的经历。你是怎样使对方改变他的不良习惯的 （2）假如你所在部门的两个同事的冲突已经影响到整个团队，让你去调解冲突，并使冲突双方能够自己解决问题，你会怎样做 （3）请举例说明你通过跨不同部门协同完成的一项工作。当时是什么情况？你是如何做的？效果怎样
	决策能力	（1）请举例说明，在兼顾短期和长期利益的情况下，你所做出的一个重要的决策以顺应市场或公司内部的经营状况 （2）请想一想你最近做出的“好”和“不好”的决策。请描述你做出这些决策的过程 （3）请你给出一个自己不得不做出艰难决定的例子，决定的结果是怎样的 （4）请你举出一个自己的某项或者一系列决策为公司带来好处的例子。你对于整个决策制定过程的贡献是什么 （5）请描述一个你自己需要在相当短的时间内做出艰难决策的例子。你做了哪些事情，结果是什么

续表

任职资格要素		面试题库
基本能力	沟通能力	（1）我想知道你曾经遇到的最有挑战性的沟通方面的问题。你为什么认为那次经历对你最富有挑战性，你是怎样应对的 （2）有些人会将自己对外界的反应和深层次情感隐藏起来。对此，你是如何发现最有效的沟通方式的？请给出一个实例 （3）偶尔，我们会遇到一些人浪费我们的时间，请描述你曾遇到过的这种情况。你是怎么做的 （4）当你的工作需要其他部门协助时，你是如何取得其他部门的配合的？请举例说明
	谈判能力	（1）在谈判前你通常是如何收集对方的相关信息的 （2）举一个谈判的实例，在谈判前需要收集对方的哪些信息？通过什么渠道收集到这些信息 （3）在谈判的过程中，对方提出的苛刻条件是我方不能接受的，你提出了怎样的双赢方案？请举一个你参与过的谈判例子，结果如何 （4）在谈判的过程中，当我方提出的条件是对方不能接受且谈判无法进行下去的时候，你将如何应对？请举一个你参与过的谈判例子，结果如何 （5）请举例说明，你在某次谈判过程中，为公司争取到超预期利益。你是如何做到的 （6）在谈判的过程中，如何捕捉对方的利益点？举一个实例说明你是怎样利用的，结果如何
	适应能力	（1）进入一个新的工作环境中，你需要多久才能够融入其中 （2）举例说明你一般会怎样去建立良好的工作伙伴关系 （3）在以往的工作过程中，你曾经为其他同事提供过什么样的帮助？是主动的还是被动的
	信息收集能力	（1）请你告诉我在过去几个月内你涉猎的对你工作很有启发的资料。该资料的大致内容是什么？你是从哪里获得该资料的？资料中的观点给你什么样的启发 （2）你的上司让你去收集公司所处行业发展前景的资料，你打算如何去做 （3）在你的专业中，目前使用频率最高的技术（包括管理）是什么？你认为你已经掌握了这些技术吗？请问你打算如何去学到这些技术 （4）公司收到一份投标邀请函，领导让你去对发标方做一个背景调查，你打算如何去做
	周密思考能力	（1）如果让你对本部门的绩效状况做一个比较全面的总结，你打算从哪些方面进行分析 （2）举例说明你对工作中遇到的问题是如何分析的，在问题解决过程中你提出了什么有价值的建议

续表

任职资格要素		面试题库
基本能力	周密思考能力	（3）有人说目前中国的房地产市场存在泡沫，你认同这个观点吗？为什么 （4）如果你有一笔资金去创业，你第一件事会做什么？为什么
	演绎推理能力	（1）如果让你对本部门的低绩效做一个比较全面的总结，你打算从哪些方面进行分析 （2）有人说中国人缺乏创造性，只有中国制造而没有中国创造，如果你认同这种说法，那么你认为这种现象主要是由哪些原因造成的？如果你想改变这一现状，你将如何做？请简单阐述一下
	归纳分析能力	（1）请简单归纳一下你在前一份工作中有何收获 （2）请你比较一下你最喜欢的两家企业的企业文化有什么相同点和不同点 （3）你认为目前中国最具有发展潜力的行业是哪个？请简单阐述一下理由 （4）你最喜欢中国的哪个城市？请简单归纳一下你为什么喜欢这个城市
	解决问题能力	（1）在最近的工作过程中，你遇到过的比较棘手的问题有哪些？举其中一两个例子说明你是如何处理的？结果如何？你怎么评价处理结果 （2）在同一个工作岗位上，举例说明你曾有效解决过什么问题或事故？采取了什么合理的措施预防同类问题或事故的发生？效果如何 （3）上级领导安排了一项工作任务，但是没有明确的工作方法，需要你给出工作方案，你将如何着手组织 （4）你如何理解“发现问题—分析问题—解决问题—杜绝问题”的工作思路？请举一个例子说明当时遇到了什么问题，你是如何解决的，采取了哪些杜绝措施
	人际交往能力	（1）在一个部门中，你有几个工作上合作关系良好的同事？在整个公司中呢 （2）公司中，你有几个同事在业余时间会经常联络和一起外出 （3）在和一个令你讨厌的人一起工作时，你是怎样处理和他在工作中的冲突的 （4）想想你共事过的人，他们工作中各自的缺点是什么 （5）讲一些你和你的上级领导有分歧的事例，你是怎样处理这些分歧的 （6）和团队中其他人紧密合作有时特别难。作为团队一员，请你说说你遇到的最具有挑战性的事情是什么
	学习能力	（1）你喜欢读哪类书？最近在读什么书？这本书的作者是谁？这本书的核心观点是什么？对你有何启发？借鉴书中的观点（方法），你准备如何改进自己的工作 （2）为了提升你的工作效率，近来你都做了些什么 （3）讲一个这样的经历：发生了一件对你来说很糟糕的事情，但后来证明，你从这件糟糕的事件中学到了很多

续表

任职资格要素		面试题库
基本能力	学习能力	（4）你是怎样有意识地提高自己的工作技能、知识和能力的？你用什么办法来达到这一目的 （5）请讲出一件你通过学习尽快胜任新的工作任务的事。你要从事的工作任务是什么？接到任务后你怎么办？你用了多长时间获得完成该任务所必需的知识？你在这个过程中遇见困难了吗？你最后完成任务的情况如何 （6）请讲讲你从某个项目或任务中学到了什么
	口头表达能力	（1）请简单归纳一下你在前一份工作中有何收获 （2）请总结一下通过有限的几次接触，你对本公司的印象 （3）谈谈你对自己的评价 （4）谈谈你对新的工作和公司的期望
	书面表达能力	（1）在以往的工作过程中，编制的工作计划、工作总结、工作报告有哪些？频率是多少 （2）列举你参与起草或编制的文件 （3）列举几种常见的公司文件格式和要求
	自控能力	（1）我们的工作与生活历程并不是一帆风顺的，谈谈你的工作或生活或求学经历中出现的挫折或低潮期，对此你是如何克服的？你觉得自己的成长来自于哪些方面 （2）请谈谈你在工作中如何面对烦琐的工作保持耐心的例子 （3）某天上班的时候，你的两个下属因为工作原因发生矛盾争吵了起来，恰好该事情被你的上司知道了，请问你准备怎样处理这件事 （4）你的上司误解了你，在会议上点名批评了你，请问你会做出何种反应
核心素养	快速响应	（1）在你的工作中有哪些工作内容是需要团队协作的？在这个工作中你是用什么样的方法或形式与下一流程的人员对接？在对接过程中遇到过哪些问题？你是如何处理或解决的？结果怎样 （2）请举例说明你是如何坚持遵守公司流程、制度且在没有任何监督的情况下也没有放弃原则的，曾引起同事怎样的不满？你是如何处理的 （3）在最近的工作过程中，遇到过哪些事务是公司的流程、制度没有明文规定？你是如何处理的 （4）举例说明你参与过的流程优化案例，你贡献的建议是什么
	敬业精神	（1）请谈一次为了团队目标的达成，你做出额外努力的事情，当时发生的情况是什么样的 （2）到目前为止，你所遇到的任务最繁重、加班加点时间最长的一次工作经历是什么？当时你是如何处理的 （3）你在以前的工作经历中，最辛苦的一段时间是在哪家公司？当时的情况如何，你是如何应对的？后来为何离开 （4）你在下班回家的路上接到上司的电话，让你回公司加班完成一项工作，而你已经约好回家为家人庆祝生日，你准备如何回复你的上司

续表

任职资格要素		面试题库
核心素养	服务意识	（1）你所在的岗位和部门，主要的客户对象有哪些？这些客户的主要需求是什么 （2）举例说明你所在的岗位或部门对客户需求的响应大概需要多少时间 （3）在最近的一段工作时间，你或者你的团队采取过什么有效措施以改进对客户需求的满足？实施效果如何 （4）在制定相关决策时，有没有跟客户充分沟通过以征求客户意见？请举例说明 （5）举例说明：在以往的工作中，你和你的团队曾预测到客户的需求或主动提出客户还未意识到的潜在需求，采取的措施明显超出客户满意期望 （6）描述一次跟客户一起做出有关决策的事例，并让客户感到满意
	流程意识	（1）请说一件表现你做工作具有标准化意识的事情 （2）你是否曾因他人违反规定而批评对方？你是如何做的 （3）请通过事例说明你在工作当中遇到有关人情方面的问题是怎么处理的 （4）请举例说明你是如何坚持遵守公司流程、制度且在没有任何监督的情况下也没有放弃原则，曾引起同事怎样的不满，你是如何处理的 （5）在最近的工作中，哪些事务是公司的流程、制度没有明文规定的？你是如何处理的 （6）举例说明你参与过的流程优化案例，你贡献的建议是什么
	坦诚	（1）说一件表现你处事公正的事情 （2）你是否曾因他人违反规定而批评过对方？你是如何做的 （3）请通过事例说明你在工作当中遇到有关人情方面的问题是怎么处理的 （4）你发现同事甲将工作失误的原因推给同事乙，而你的上司为此惩罚了同事乙，你准备怎么做
基本素养	成就导向	（1）你所在的岗位或部门最近一个阶段的主要工作成果有哪些？举一两个例子说明是如何达成的 （2）你所在的岗位或部门下一个阶段的主要工作目标有哪些？达成这些需要什么样的资源？这些资源如何获取 （3）说说你曾经完成的一个似乎不可能完成的任务，怎样通过方法的改进或资源的争取而最终达成了目标 （4）你曾经给下属下达过什么难度较大的工作任务？你是如何要求的？又是如何协助其完成的 （5）上级布置了一项难度极大的任务，以你现有条件是几乎不可能完成的，你准备怎么办

续表

任职资格要素		面试题库
基本素养	坚忍性	（1）请你告诉我你最近经历过的非常紧张和繁忙的时候。这是什么时候的事？这段时间与平时相比使你感到紧张的程度如何？你是如何度过这段时间的？你最终将工作完成得怎么样？工作完成后你当时的感受如何 （2）请谈一次自己的观点得不到别人的理解，但仍坚持将自己的想法在管理工作中实施的例子 （3）在实际工作中，你的主张观点同事们非常赞同，而你的上司却很不满意，这时你会怎么办 （4）你的领导给你布置了一项你以前从未接触过的任务，你打算如何去完成它（如果有类似的经历，说说完成的经历） （5）你有没有过失业或暂时待业经历？谈谈那时的生活状态和心情 （6）假如你喜欢上了一个人，但你对他（她）表白后受到拒绝并说你们是不可能的，拒绝的原因是他（她）已有女（男）朋友，但他（她）也并不讨厌你，接着你将采取什么行动 （7）假如在公众场合中，有一个人有意当众揭你的短处或你的隐私，你会怎样处理
	大局意识	（1）请说一件需要你跳出局部利益甚至牺牲局部利益，从公司整体角度考虑解决问题的事例。当时的情形是怎样的？你采取了什么解决方案？最后的结果是什么样的 （2）工作中是否存在需要你牺牲部门目标来完成组织目标的情况？你当时考虑了哪些因素，当你做出决定时想到了什么 （3）你有没有遇到过部门的工作和公司整体利益发生冲突的情况？如果面临这种情况，你将如何处理？请举例说明 （4）请举一个你在工作中顾全大局，最终成功完成任务的例子
	责任心	（1）请说说你不得不做出一个周围人都不赞同的决定的情况。具体情形是怎样的？你做了什么？为什么这么做 （2）请描述一个你自己需要在还没有得到所有信息前就要做出决策的例子。你所考虑的因素的优先级是怎样的？你怎样应对不确定性 （3）你经常对工作做些改进或向领导提建议吗？请举例说明 （4）你的下属未按期完成你所布置给他的任务，如果你的上司责怪下来，你认为这是谁的责任，为什么 （5）当你所在的团队处于竞争劣势时，你有什么想法和行动 （6）在跨组织的任务中，往往由于涉及成员过多，最后易形成“责任者缺位”现象，你如果身处其境，会是什么心态
	团队合作	（1）请描述你帮助他人提高技能、改变职业素养的例子。你做了哪些？什么是最困难的？你的做法有效吗？结果如何 （2）请描述一个你曾经管理过的一个工作业绩较差的员工的例子。具体的情景是怎样的？你是如何与他沟通的？他在绩效上有什么提高

续表

任职资格要素		面试题库
基本素养	团队合作	（3）你是否曾让下属自主决策一些事情？你是如何做的？在下属决策出现问题的时候，你又是如何做的
	客户导向	（1）你所在的岗位和部门，主要的客户对象有哪些？这些客户的主要需求是什么 （2）举例说明你所在的岗位或部门对客户需求的响应大概需要多少时间 （3）在最近的一段工作时间，你或者你的团队采取过什么有效措施以改进对客户需求的满足？实施效果如何 （4）在制定相关决策时，有没有跟客户充分沟通过以征求客户意见？请举例说明 （5）举例说明：在以往的工作中，你和你的团队曾预测到客户的需求或主动提出客户还未意识到的潜在需求，采取的措施明显超出客户满意期望 （6）描述一次跟客户一起做出有关决策的事例，并让客户感到满意
	诚信	（1）如果在工作中发现身边的同事有欺上瞒下的情形，你会如何解决 （2）你认为一个人诚信的具体表现是什么 （3）在过往的工作经历中，你是否遇到过不诚信的人或者事？你当时是怎么想的？又是怎么做的 （4）你发现同事甲将工作失误的原因推给同事乙，而你的上司为此惩罚了同事乙，你准备怎么做
	忠诚度	（1）请讲一个你曾经遇到的不忠于公司和主要客户利益的人，你是怎样对待他的 （2）在日常生活和工作中，什么行为能表现出一个人的忠诚 （3）若平时你发现你办公室的人或你的下属偷窃了少量的办公用品，你会制止他们吗？如果会的话，你该怎样做 （4）假如你的一位同事给你讲了一件十分重要的事情或秘密，你觉得你的老板也应该知道这件事，你该怎么办 （5）假如老板对你的工作进行了调整，但是在调整之前老板并没有跟你通气，假如调整后的工作很难做，你该怎么办
	追求卓越	（1）请谈一次在你的工作经历中，你不满足于现状，力求把工作做得更好的例子 （2）你是如何给自己的工作设定目标的 （3）你的上司要求你每个月的绩效考核成绩提高5%，你准备做出何种反应 （4）你如何看待你在前一份工作中取得的成绩
	职业动机	（1）你工作的源动力是什么 （2）什么是你下一步工作的目标？为了实现你的职业目标，你愿意付出多大的代价

二、基于任职资格的招聘计分卡

在员工招聘过程中，我们还经常会面临这样的问题：用人部门提出招聘需求的同时并没有对应聘者明确的招聘要求，招聘部门便根据自己的理解去搜寻简历。这样的工作方式既难找到合适的简历，也很难对应聘者就行有效评价，使得招聘工作就进入了“100-10-1”的低效工作状态，即搜寻 100 份简历，预约面试的 10 个人，最终进入试用期的只有 1 个人。

为了解决这一问题，斯玛特、斯特里特在《聘谁：用 A 级招聘法找到最合适的人》一书中提出了“招聘计分卡”这一既实用又易操作的工具。

招聘需求一旦确定，用人部门需要根据岗位任职资格标准为每个需要招聘的岗位编制招聘计分卡，招聘计分卡由四个部分构成：

（1）岗位使命。在招聘计分卡中需要明确招聘岗位使命是什么。

（2）岗位近期及中期工作成果描述。清晰地描述招聘岗位在未来三个月、半年、一年内需要达成的 3 ～ 5 项主要工作成果。工作成果的描述需要量化，工作成果来源于任职资格标准中的工作要素。

（3）能力及素养要求。根据岗位任职资格要求，描述该岗位需要具备的能力和素养。

（4）文化适应性。有能力的人可能对公司文化的敏感性会更强，因此，根据每个岗位的任职要求，结合公司文化识别招聘岗位必须考察的文化适应性项目。

【案例 9-1】深圳信睿科技人力资源总监岗位招聘计分卡

根据信睿科技任职资格体系，人力资源总监属于管理职位族四级岗位，以下是基于管理职位族四级要求为人力资源总监岗位编制的招聘计分卡（表 9-2）。

表9-2 深圳信睿科技人力资源总监岗位招聘计分卡

<table>
<tr><td>应聘人姓名</td><td></td><td>应聘岗位名称</td><td>人力资源总监</td><td>用人部门</td><td></td></tr>
<tr><td>岗位使命</td><td colspan="5">建立健全公司人力资源管理体系，打造符合公司战略需要的人力资源队伍，实现人力资本最大化</td></tr>
<tr><td colspan="6">工作要素及评价记录（40%）</td></tr>
<tr><td colspan="3">关键工作要素描述</td><td colspan="2">评价及结论</td><td>评分</td></tr>
<tr><td colspan="3">（1）用3个月时间完成公司未来3年人力资源规划</td><td colspan="2"></td><td></td></tr>
<tr><td colspan="3">（2）用6个月时间完成公司核心员工职业生涯规划</td><td colspan="2"></td><td></td></tr>
<tr><td colspan="3">（3）用3个月时间完成公司人力资源相关流程梳理，输出公司《人力资源管理流程分册》</td><td colspan="2"></td><td></td></tr>
<tr><td colspan="5">工作要素平均分</td><td></td></tr>
<tr><td colspan="6">核心能力及评价结果（20%）</td></tr>
<tr><td>核心能力</td><td>等级要求</td><td>核心能力定义</td><td colspan="2">参考问题</td><td>评分</td></tr>
<tr><td>为客户创造价值</td><td>4级</td><td>（1）基于对客户需求的深入研究，发现客户的潜在需求，通过额外的努力，完成对客户的服务，使客户感受到超出期望的服务质量
（2）根据客户的需求，在不增加客户的开支及不损失公司利益的前提下，提供超值的解决方案、产品或服务</td><td colspan="2">（1）请讲一件你在过去的工作中超越客户期望的经历？当时是什么情况？你是如何做的？最后客户的反应如何
（2）你所在岗位存在的价值是什么</td><td></td></tr>
<tr><td>战略规划能力</td><td>4级</td><td>设定自己管辖范围内工作的具体目标并推动制定相应的落实措施，能够有效抵制与组织战略方向不一致的工作行为</td><td colspan="2">（1）企业发展战略规划的常规做法是什么？你如何看待发展战略与年度经营计划之间的关系
（2）你曾经主导过企业发展战略规划吗？你是如何做的？实施效果如何</td><td></td></tr>
<tr><td>战略决策</td><td>4 级</td><td>能够合理预测决策可能带来的风险，衡量潜在收益，及时做出抉择，并勇于承担风险</td><td colspan="2">（1）请描述一个你需要对最佳行动方案做出决策以应对问题或者机遇的情形。你做了什么？为什么要这么做
（2）在变幻莫测的环境中，决策不可能总是正确的，在你以前的工作中，你做得最不满意的一项决策是什么？请详细谈谈当时的情况</td><td></td></tr>
</table>

续表

塑造组织能力	4级	详见第五章表5-8	略	
培养与指导他人	4级	详见第五章表5-8	略	
影响他人	4级	详见第五章表5-8	略	
核心能力平均分				
基本能力及评价结果（10%）				
基本能力	等级要求	基本能力定义	参考问题	评分
目标管理能力	4级	（1）能够组织制订所负责的多个团队或所管辖领域年度工作目标与计划，能够将多个团队目标进行有效分解 （2）能够深入分析目标实施过程中存在的潜在风险与关键障碍，并能组织建立合理的应对策略	（1）举个例子来说明一下你曾经做过的项目的计划及实施过程 （2）请说说你在自己部门里执行长期或者短期的计划的例子。你是怎样保证计划能够符合时间、进程和成本要求的	
计划管理能力	4级	在工作计划中预先考虑预留弹性或额外工作时间，以应对意外事件；主动评估工作中可能存在的风险，随时准备应对各种障碍和问题，并提前制定应变预案，确保工作任务总是按时、保质完成	（1）你如何监控和跟踪计划的实施过程，从而保证计划的落实 （2）你是如何将公司目标分解到部门计划中的？这些目标又是如何分解到各个下属岗位的？请举例说明	
领导能力	4级	对分配工作与权力做到收放自如，被授权员工可以独立完成工作任务，做好授权风险防范和应对措施，对授权环节能进行充分而准确的评估	（1）你对下属在完成工作任务的过程中给予过哪些帮助？当下属提出一些不合理的资源需求时，你是如何答复的 （2）举例说明你所领导的团队中，授权存在哪些风险？这些风险你是如何监控的	
团队建设能力	4级	详见本书第五章表5-9	略	
文化传播能力	4级	详见本书第五章表5-9	略	

续表

决策能力	4级	详见本书第五章表5-9	略	
自控能力	4级	详见本书第五章表5-9	略	
基本能力平均分				
核心素养及评价结果（20%）				
核心素养	等级要求	核心素养定义	参考问题	评分
拥抱变化	4级	（1）世上唯一不变的就是变化，变化创造机会，拒绝变化等于放弃发展机遇 （2）变化的核心目的是提升公司竞争力 （3）拥抱变化的核心是打开心门、突破原有的心智模式，积极面对变化带来的压力和挑战 （4）被动改变迟早被淘汰，率先变革方能立足潮头	（1）你如何理解“世上唯一不变的就是变化” （2）变化的背后往往蕴藏着巨大的机遇，请你讲一件在生活或者工作中类似的例子	
坚忍	4级	坚定不移地沿着既定的目标前进并持续关注目标，即使处于艰苦或不利的情况下，也能克服外部和自身的困难，坚持实现目标	（1）请谈一个自己的观点得不到别人的理解，但仍坚持将自己的想法在经营管理工作中实施的例子 （2）在实际工作中，你的主张观点同事们非常赞同，而你的上司却很不满意，这时你会怎么办	
高效	4级	详见本书第六章表6-8	略	
激情	4级	详见本书第六章表6-8	略	
核心素养平均分				
基本素养及评价结果（10%）				
基本素养	等级要求	基本素养定义	参考问题	评分

续表

成就导向	4级	自己设定挑战性的工作目标：能够自己设定并达成具有极高挑战性的工作目标。挑战性是指有50%的把握是可以确实达成的，即虽然目标难度高，但却不是不可能达成的目标	（1）说说你曾经完成的一个似乎不可能完成的任务，怎样通过方法的改进或资源的争取而最终达成了目标 （2）你曾经给下属下达过什么难度较大的工作任务？你是如何要求的，又是如何协助其完成的	
战略思维	4级	（1）判断行业未来3～5年变化趋势，进行突破性思考，指出战略方向 （2）找出影响全局发展的主要因素、关键变量和薄弱环节，据此确定战略布局、主攻方向和工作的着力点，兼顾局部和全局，平衡短期与长期，确保战略方案能够落地	略	
正直坦诚	4级	（1）为公司整体或长远利益考虑，即使可能危及个人利益或面临权威的巨大压力，仍勇于提出和坚持个人的不同意见 （2）当上级的言行失当，可能危害组织的利益或违背组织的原则时，敢于直谏	略	
大局意识	4级	详见本书第六章表6-9	略	
追求卓越	4级	详见本书第六章表6-9	略	
职业动机	4级	详见本书第六章表6-9	略	
基本素养平均分				
文化适应性评估				
评估记录				
综合评价结论				
评价得分				
评价结论	□正式试用 □直接淘汰			
备注	（1）评价得分 = 工作要素评分 ×40% + 核心能力要素评分 ×20% + 基本能力要素评分 ×10% + 核心素养要素评分 ×20% + 基本素养要素评分 ×10% （2）评价得分大于75分可进入试用			

三、基于任职资格的员工试用期评价

对于处于试用期的员工，企业如何正确地进行试用期评价呢？比较科学的做法是，一定要严格按照岗位任职资格进行全面评价。员工通过试用期的工作适应，对公司、对所从事的岗位都有了一定的了解，因此，结合面试时的招聘计分卡和岗位任职资格进行全面评价是非常有必要的。

【案例 9-2】深圳信睿科技人力资源总监试用期评价表

接【案例 9-1】，以下是信睿科技编制的人力资源总监岗位基于任职资格的试用期评价表（表 9-3）。

表9-3　深圳信睿科技人力资源总监基于任职资格的试用期评价表

员工姓名		岗位名称	人力资源总监	所在部门	
试用期工作评价（40%）					
月份	工作要素评价			员工自评	直接上级评价
第1个月	见第1个月工作总结				
第2个月	见第2个月工作总结				
第3个月	见第3个月工作总结				
试用期工作要素平均分					
试用期核心能力及评价结果（20%）					
核心能力	等级要求	核心能力定义		员工自评	直接上级评价
为客户创造价值	4级	略			
战略规划能力	4级	略			
战略决策	4级	略			
塑造组织能力	4级	略			
培养与指导他人	4级	略			
影响他人	4级	略			
试用期核心能力平均分					
试用期基本能力及评价结果（10%）					
基本能力	等级要求	基本能力定义		员工自评	直接上级评价
目标管理能力	4级	略			

续表

计划管理能力	4级	略		
领导能力	4级	略		
团队建设能力	4级	略		
文化传播能力	4级	略		
决策能力	4级	略		
自控能力	4级	略		
试用期基本能力平均分				
试用期核心素养及评价结果（20%）				
核心素养	等级要求	核心素养定义	员工自评	直接上级评价
拥抱变化	4级	略		
坚忍	4级	略		
高效	4级	略		
激情	4级	略		
试用期核心素养平均分				
试用期基本素养及评价结果（10%）				
基本素养	等级要求	基本素养定义	员工自评	直接上级评价
成就导向	4级	略		
战略思维	4级	略		
正直坦诚	4级	略		
大局意识	4级	略		
追求卓越	4级	略		
职业动机	4级	略		
试用期基本素养平均分				
试用期综合评价结论				
评价得分				
评价结论	□正式转正 □延长试用期 □试用考核不合格			
备注	（1）评价得分＝工作要素评分 ×40%＋核心能力要素评分 ×20%＋基本能力要素评分 ×10%＋核心素养要素评分 ×20%＋基本素养要素评分 ×10% （2）评价得分大于 80 分可转正，评价得分介于 70 ～ 80 分延长试用期，评价得分低于 70 分的试用考核不合格			

第十章 任职资格与培训

一、基于任职资格的培训课程规划

二、基于任职资格的培训实施与效果评估

基于任职资格的人力资源发展体系告诉我们，企业战略的实现归根结底依靠的是人，人的能力、素养及知识结构将直接影响他们能否做出影响战略实现的工作行为，进而产生企业期望的工作业绩，因此，建立基于任职资格体系的培训体系就显得至关重要。

一、基于任职资格的培训课程规划

通常我们把企业培训体系简称为“3+1”培训体系。其中，“3”包括基于任职资格的培训课程规划、培训讲师队伍、培训管理机制；“1”是指培训计划与培训实施。

（1）培训课程是培训体系的核心，包括课程设计、课件制作、讲义编写、课程审核评估。

（2）培训讲师是培训体系的载体，培训讲师不仅仅是培训课程的执行者，培训讲师最大的价值在于通过他对课程的演绎使学员能够快速领悟并掌握相关的知识和技能。

（3）培训管理机制包括培训管理制度、流程及相关软、硬件设施的配置，培训管理机制是培训管理体系的基础。

（4）培训计划与培训实施包括培训需求调查、培训计划制定、培训形式选择、培训课程实施、培训效果评估、培训成果转化跟踪等。

培训课程体系必须按照企业任职资格标准及不同职位族及职系的职级、职等划分进行开发，只有这样才能确保培训的针对性及实施效果。

【案例】深圳信睿科技基于任职资格体系的培训课程规划（表10-1）

表10-1 信睿科技基于任职资格体系的培训课程规划（部分）

任职资格要素	培训课程	管理职位族	营销职位族	研发职位族	供应链职位族	专业事务职位族	辅助职位族
执行能力	赢在执行		√	√	√	√	√
	如何提高执行力	√					
	细节决定成败		√	√	√	√	√
沟通能力	沟通技巧与冲突管理	√	√	√	√	√	
学习能力	学习型组织建设	√					
解决问题能力	问题分析与解决技巧	√	√	√	√	√	√
	如何管理你的上司	√	√	√	√	√	√
人际交往能力	人际关系管理	√	√	√	√	√	√
领导能力	领导力培训	√					
	情景领导	√					
	有效授权	√					
	中层干部必须掌握的基本管理技能	√					
	员工培养与辅导技巧	√					
	如何激励你的下属	√					
决策能力	高效决策	√					
目标计划管理能力	第五代时间管理	√					
	目标与计划管理	√					
	如何编写工作计划	√	√	√	√	√	√
过程监控能力	从结果管理到过程管理	√	√	√	√	√	
团队建设能力	企业教练技术	√					
	如何打造高绩效团队	√					
	如何选、育、用、留	√					
	技术团队管理			√			

续表

任职资格要素	培训课程	管理职位族	营销职位族	研发职位族	供应链职位族	专业事务职位族	辅助职位族
文化传播能力	企业文化建设实务	√					
创新能力	创新思维训练	√	√	√			
	六项思考帽		√	√	√	√	√
公司文化	集团文化特训营	√	√	√	√	√	√
制度与流程	部门归口流程与制度	√	√	√	√	√	√
	人力资源政策	√	√	√	√	√	√
	财务制度	√	√	√	√	√	√
	部门使命与职能	√	√	√	√	√	√
	岗位说明书	√	√	√	√	√	√
产品及行业知识	公司产品及行业知识	√	√	√	√	√	√
战略管理知识	发展战略规划与实施	√					
	年度经营计划制订与管理	√					
项目管理知识	项目管理（PMP）			√			
组织管理知识	公司治理	√					
	组织设计与管理	√	√	√	√	√	√
流程管理知识	业务流程优化与再造	√	√	√	√	√	√
行政管理知识	会议管理	√	√	√	√	√	√
人力资源管理知识	战略性人力资源管理	√					
	非 HR 经理的 HRM		√	√	√	√	√
	目标绩效管理	√					
	任职资格及测评技术	√	√	√	√	√	√
	员工招聘与面试技巧	√					
	培训师培训	√	√	√	√	√	√

续表

任职资格要素	培训课程	管理职位族	营销职位族	研发职位族	供应链职位族	专业事务职位族	辅助职位族
财务管理知识	投资分析与风险控制					√	
	财务审计实务					√	
	融资方法与风险控制					√	
	非财务人员的财务知识	√	√	√	√		
	财务预算管理	√				√	
市场营销知识	品牌策划与推广		√				
	市场管理实务		√				
	大客户管理技巧		√				
	销售账款管理实务		√				
供应链及采购知识	供应链管理实务				√		
	供应商开发管理				√		
	采购谈判技巧				√		
	招投标管理				√		
合同管理知识	经济合同纠纷处理		√		√		
客户服务知识	客户满意度管理		√				
	客诉受理技巧		√				
设备管理知识	TPM 实战技巧				√		
安全管理知识	危险源识别与管理				√		
	火灾预防与处理技巧				√		
审计知识	内部审计师培训					√	
档案管理知识	档案管理培训					√	
体系管理知识	ISO 9001 内审员培训		√	√	√	√	√
	企业质量标准培训		√	√	√	√	√
	6 SIGMA 培训					√	
现场管理知识	精益生产				√		

二、基于任职资格的培训实施与效果评估

培训课程、培训讲师和培训管理机制是培训管理体系的基础，培训的最大价值在于实施，因此科学规划培训计划及培训实施体系对于企业构建培训管理体系而言是至关重要的。

1. 基于岗位任职资格标准进行培训需求识别

培训需求结果确认不完善或不真实，培训内容的设计就会变成“无的之矢”，导致培训效率低下，效果不明显。因此，要根据企业的实际需要组织培训，就要求企业在培训初期做好员工的培训需求分析工作。

为了获得充分的资料和支持信息，培训需求分析必须从三个层次进行。首先要从战略层次进行分析，再次要从工作层次进行分析，最后从个人层次进行分析。

战略层次分析主要是通过对组织的外部环境、内部气氛进行分析，从而将培训计划与组织发展战略相结合，确定培训的重点所在。

工作层次分析以对工作任务的研究为基础，分析各个工作岗位的员工达到理想的工作业绩、胜任工作必须掌握哪些技能和知识，从职位工作角度确定培训需求，决定培训目标及培训内容。

员工个人层次分析主要是从任职者的角度来考察培训需求，分析员工个体状况与任职要求之间的差距，在此基础上确定“谁需要接受培训”以及“需要什么样的培训”。即将员工目前的实际工作绩效与达到企业工作业绩标准所需要的理想绩效进行比较，找出员工的绩效差距。

在分析培训需求之前，需要收集员工的培训需求信息，为培训需求分析提供良好的依据。收集方法有很多种，如面谈法、问卷调查法、观察法、组织数据调研法等。在进行不同层次的培训需求分析时，要根据培训的实际情况，选择合适的调查方法。

2. 培训计划编制

培训需求确定后，人力资源部门需要结合员工职业生涯规划及任职资格编写年度培训计划，培训计划包括培训课程、课程大纲、培训方式、参加人员、实施

时间、培训预算等，经公司审批后组织实施。

3. 培训实施

培训实施包括培训场地布置、培训物料准备、培训通知、培训签到、培训纪律、培训主持、培训讲师接待、培训课件准备、学员手册准备等。

4. 基于岗位任职资格标准进行培训效果评估

培训效果评估是指企业在组织培训之后，采用一定的形式，把培训的效果用定性或者定量的方式表示出来。我们知道，培训作为一种教育形式，主要通过潜移默化的方式来提高受训者的能力，而这种能力在日常工作中到底又起了多大的作用，的确很难测定。培训效果难以评估，是大多数企业不愿组织员工培训的主要原因。试想，谁愿意把钱花在不见踪影的地方呢？

培训的目的在于解决、预防工作中的问题或为即将到来的新任务做准备。而培训效果评估的目的在于评估培训是否真正达到了预期的目的。具体来说，企业希望通过对培训效果的评估达到以下目的：

（1）对培训效果做出正确合理的判断，以便了解某一培训项目是否达到原定的目标和要求。

（2）确定受训人知识、技能的提高或行为表现的改变是否直接来自培训本身。

（3）找出培训的不足，归纳总结出教训，以便改进今后的培训。

（4）通过培训往往能发现新的培训需求，从而为下阶段的培训提供重要依据，而且通过对成功的培训做出肯定性评估，也往往能提高受训者对培训活动的兴趣，激发他们参加培训活动的积极性和创造性。

（5）检查培训的费用效益。评估培训活动支出与收入的效益如何，将使资金得到更加合理的配置。

（6）客观评价培训工作者的工作。一般来说，培训的效果反映了培训工作者的水平和对待培训的态度。对培训效果进行评估，有助于培训人员进行自我检查，进一步端正态度，从而不断提高培训质量，同时也可以正确地对培训工作者进行绩效评估。

（7）为公司管理层提供决策依据，而且管理层对培训结果的重视，往往也会引起企业其他人员对培训的重视，从而提升员工对培训的积极性和投入度。

第十二章 任职资格与绩效

一、目标绩效体系框架

二、基于任职资格的 KCI 规划

三、基于任职资格的绩效评估

绩效，简单地说就是一切我们想要的东西，它可以是辛勤的劳动，可以是出色的工作成果，可以是良好的销售业绩，还可以是一份完整的工作报告，也可以是企业的销售目标和利润等。总之，绩效会随着环境不同、对象不同、影响因素不同而不同。

绩效评价的对象可以是对事不对人的 KPI（Key Performance Indicators），也可以是对人不对事的 KCI（Key Competency Indicators）。KPI 有三个来源，分别是公司战略、业务流程及部门职能；而 KCI 的来源只有一个，那就是任职资格体系。

一、目标绩效体系框架

根据实际工作经验，我们把目标绩效管理体系的构成分为四个组成部分，即：绩效指标体系、绩效管理架构、绩效管理手册和绩效支撑体系（绩效管理环境），如图 11-1 所示。

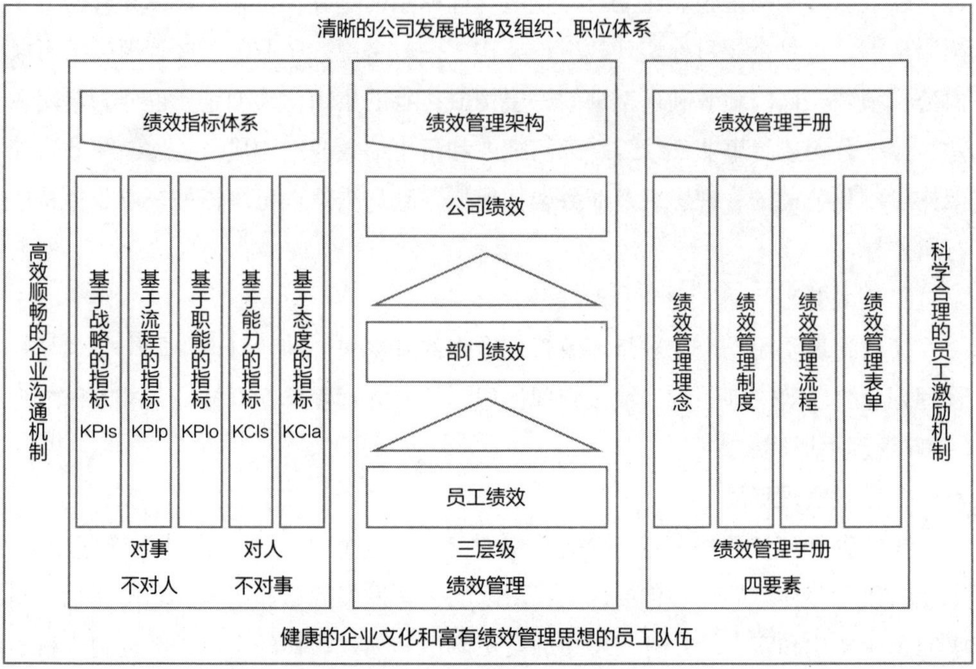

图11-1 目标绩效体系基本构成

如图 11-1 所示，目标绩效管理体系由四部分构成，分别为绩效指标体系、绩效管理架构、绩效管理手册、绩效管理环境。

1. 绩效指标体系

绩效指标体系的建立使量化评价企业各个层级的绩效变得更简单，同时也使企业目标的分解有了载体。如图 11-1 所示，企业指标体系按照大类可以分为对事不对人的指标和对人不对事的指标，其中对事不对人的指标又可以分为基于战略的 KPIs（Key Performance Indicators of Strategy）、基于流程的 KPIp（Key Performance Indicators of Process）以及基于职能的 KPIo（Key Performance Indicators of Organization）；对人不对事的指标又可以分为基于任职资格的 KCIs（Key Competency Indicators of Skill）、基于任职资格的 KCIa（Key Competency Indicators of Attitude）等。

KPI 和 KCI 的来源是不同的，KPI 来源于“冰山”露出水面的部分，KPIs 是结果，KPIp 和 KPIo 是过程，而 KCI 更倾向于“冰山”的下部，即导致结果产生的能力、素养。

2. 绩效管理架构

绩效管理架构是企业建立目标绩效管理体系的基础，是企业目标分解的责任担当架构，也是企业目标实现的组织架构。一般来说，企业的绩效管理架构可以由公司绩效、部门绩效和员工绩效三层构成，有的集团化大型企业也分为集团绩效、分子公司或者事业部绩效、部门绩效和员工绩效四层构成。总之，绩效管理架构可以与公司的管理层级及业务架构保持一致，当然也可以根据企业业务特性有所差异。

3. 绩效管理手册

绩效管理手册是企业进行绩效管理运作的基本法。绩效管理手册中包含绩效管理理念、绩效管理制度、绩效管理流程、绩效管理表单四部分，也可以称之为“绩效管理手册四要素”。

4. 绩效管理环境

绩效管理环境是指要保证企业绩效体系有效运行，必须健全其他管理体系。企业绩效管理环境的核心包括四项：清晰的公司发展战略和组织、职位体系，健康的企业文化和富有绩效管理思想的员工队伍，高效顺畅的企业沟通机制，科学合理的员工激励机制。

二、基于任职资格的KCI规划

基于任职资格的 KCI 与前面提到的 KPIs、KPIp、KPIo 都不同，KPI 都是对事不对人的指标，而 KCI 则是对人不对事的指标，KCI 也用来衡量岗位任职者是否能够满足岗位任职标准，圆满完成岗位、部门履行职责及相关流程要求，为客户提供最有价值的服务和产品体验。根据多年的管理实践，我们将 KCI 的建立分为以下三个步骤：任职资格体系规划、任职资格矩阵、任职资格要素分级。

（1）任职资格体系规划，读者可以查阅本书第二章至第六章的内容，不再赘述。

（2）任职资格矩阵是根据不同职位族、不同职系任职资格标准，按照岗位进行任职资格项目及等级规划。

（3）任职资格要素分级。针对不同类型的岗位和不同层级的岗位，任职资格要素的要求会存在差异，如表 11-1 所示，同样是为客户创造价值营销副总裁要求达到 5 级，而营销部总监只要达到 4 级、大区总监只要达到 3 级就可以了；同理，执行能力对于营销副总裁和营销部总监而言均需要达到 4 级，而营销大区总监、营销区域经理和销售业务员则需要达到 3 级。

【案例 11-1】深圳信睿科技岗位任职资格矩阵

根据本书第五章、第六章对营销职位族对应核心能力、基本能力、核心素养、基本素养的要素识别及对应等级规划，我们对信睿科技营销对应岗位任职资格矩阵进行了规划。

表11-1 深圳信睿科技营销岗位任职资格矩阵

岗位名称		营销副总裁	营销部总监	营销大区总监	营销区域经理	销售业务员
对应等级		营销五级	营销四级	营销三级	营销二级	营销一级
核心能力	为客户创造价值	5级	4级	3级	2级	2级

续表

岗位名称		营销副总裁	营销部总监	营销大区总监	营销区域经理	销售业务员
对应等级		营销五级	营销四级	营销三级	营销二级	营销一级
核心能力	战略性思维	5级	4级	3级	2级	1级
	战略决策	4级	3级	2级	2级	1级
	主动应变	5级	4级	3级	2级	2级
	影响他人	5级	4级	3级	2级	2级
	资源整合能力	5级	4级	3级	2级	2级
基本能力	计划管理能力	4级	4级	3级	3级	2级
	执行能力	4级	4级	3级	3级	3级
	任务分解能力	4级	4级	3级	2级	2级
	任务实施能力	4级	4级	3级	2级	2级
	冲突解决能力	4级	4级	3级	2级	2级
	谈判能力	4级	4级	3级	3级	3级
	抗压能力	4级	4级	3级	3级	3级
	专业能力	4级	4级	3级	3级	2级
核心素养	快速响应	5级	4级	3级	2级	1级
	服务意识	5级	4级	3级	2级	1级
	结果导向	5级	4级	3级	2级	1级
	激情	5级	4级	3级	2级	1级
基本素养	坚忍性	5级	4级	3级	2级	1级
	主动应变	5级	4级	3级	2级	1级
	市场敏锐	5级	4级	3级	2级	1级
	自我控制	5级	4级	3级	2级	1级
	客户导向	5级	4级	3级	2级	1级
	职业动机	5级	4级	3级	2级	1级

三、基于任职资格的绩效评估

既然不同岗位对任职资格相关要素的要求不同，即便是相同的任职资格要素，其对应等级也会有差异，因此，KCI 评价过程中就不能针对不同岗位采用同样的标准进行评价。

【案例 11-2】深圳信睿科技营销大区总监岗位 KCI 考核表（表 11-2）

接【案例 11-1】，以下是深圳信睿科技营销大区总监岗位编制的 KCI 考核表。

表11-2　深圳信睿科技营销大区总监岗位KCI考核表

岗位名称		等级要求	任职资格要素定义	评价结果			
				远低于要求	低于要求	达到要求	超越期望
核心能力	为客户创造价值	3级	略				
	战略性思维	3级	略				
	战略决策	3级	略				
	主动应变	3级	略				
	影响他人	3级	略				
	资源整合能力	3级	略				
基本能力	计划管理能力	3级	略				
	执行能力	3级	略				
	任务分解能力	3级	略				
	任务实施能力	3级	略				
	冲突解决能力	3级	略				
	谈判能力	3级	略				
	抗压能力	3级	略				
	专业能力	3级	略				

续表

岗位名称		等级要求	任职资格要素定义	评价结果			
				远低于要求	低于要求	达到要求	超越期望
核心素养	快速响应	3级	略				
	服务意识	3级	略				
	结果导向	3级	略				
	激情	3级	略				
基本素养	坚忍性	3级	略				
	主动应变	3级	略				
	市场敏锐	3级	略				
	自我控制	3级	略				
	客户导向	3级	略				
	职业动机	3级	略				

注：任职资格要素定义请查看本书第五章、第六章。

参考文献

[1] 戴维·D. 杜波依斯，威廉·J. 罗思韦尔，德博拉·乔·金. 斯特恩，等. 基于能力的人力资源管理 [M]. 于广涛，等. 译. 北京：中国人民大学出版社，2006.

[2] 迈克尔·茨威尔. 创造基于能力的企业文化 [M]. 王申英，唐伟，何卫. 译. 北京：华夏出版社，2002.

[3] 郭咸纲. 西方管理思想史 [M]. 北京：世界图书出版公司北京公司，2010.

[4] 胡蓓，张文辉. 职业胜任力测评 [M]. 武汉：华中科技大学出版社，2012.

[5] 水藏玺. 看好自己的文件夹：企业知识管理的精髓 [M]. 北京：中国经济出版社，2005.

[6] 水藏玺. 不懂组织再造，怎么做管理 [M]. 北京：中国纺织出版社有限公司，2021.

[7] 水藏玺. 不懂激励员工，怎么做管理 [M]. 北京：中国纺织出版社有限公司，2021.

[8] 水藏玺. 不懂带领团队，怎么做管理 [M]. 北京：中国纺织出版社有限公司，2021.

[9] 水藏玺. 不懂解决问题，怎么做管理 [M]. 北京：中国纺织出版社，2019.

[10] 水藏玺. 不懂流程再造，怎么做管理 [M]. 北京：中国纺织出版社有限公司，2019.

[11] 水藏玺，等. 胜任力素质模型开发与应用 [M]. 北京：中国经济出版社，2019.

[12] 水藏玺. 人力资源管理体系设计全程辅导 [M]. 2 版. 北京：中国纺织出版社，2016.

[13] 水藏玺，吴平新 . 年度经营计划制订与管理 [M]. 4 版 . 北京：中国经济出版社，2020.
[14] 水藏玺 . 业务流程再造 [M]. 5 版 . 北京：中国经济出版社，2019.
[15] 水藏玺 . 学管理 用管理 会管理 [M]. 北京：中国经济出版社，2016.

附 录

本书案例来源及技术支持

信睿咨询　　　　南粤商学　　　　CPIO 协会

信睿咨询　信睿咨询是由国内知名管理专家水藏玺、吴平新发起，以“持续提升客户经营业绩”为追求目标，始终坚持“以客为尊，以德为先”的经营理念。结合十多年理论研究与企业实践，信睿咨询率先开创性地提出了“SMART—EOS企业经营系统”理论，信睿咨询认为，企业的任何一项经营活动和管理行为都必须以提升企业市值为准绳。同时，在与客户合作模式方面，信睿咨询提出的“与客户结婚”和“咨询零收费”模式开创了国内咨询行业全新的商业模式。

南粤商学　南粤商学是由国内知名管理专家水藏玺、张少勇等为核心发起人，联合近 300 位优秀企业家及企业高级管理者，以“信睿 SMART—EOS 企业经营系统”为理论基础，以“拓展管理视野”为使命，传播南粤（广州以南，珠江两岸）优秀企业管理经验，推动中国企业提升管理能力，怀揣“管理报国，利润报企，幸福报民”的理想，旨在帮助中国企业实现管理升级，为早日实现“中国梦”而努力。

CPIO 协会　深圳首席流程创新官协会（Chief Process Innovation Officer，简称 CPIO）是由国内知名管理专家水藏玺、张少勇、王剑等人发起，旨在帮助企业打造一批优秀的 CPIO。

CPIO的工作职责覆盖首席信息官（Chief Information Officer，CIO）、首席创新官（Chief Innovation Officer，CIO）和首席流程官（Chief Process Officer，CPO）的范畴，优秀的CPIO是企业经营系统升级的主要推动者和责任承担者。

目前，首席流程创新官协会在深圳、苏州、佛山、珠海等地设有分会。

水藏玺作品集

序号	书名	出版社	出版时间（年）
1	吹口哨的黄牛：以薪酬留住人才	京华出版社	2003
2	金色降落伞：基于战略的组织设计	中国经济出版社	2004
3	睁开眼睛摸大象：岗位价值评估六步法	中国经济出版社	2004
4	管理咨询35种经典工具	中国经济出版社	2005
5	看好自己的文件夹：企业知识管理的精髓	中国经济出版社	2005
6	绩效指标词典	中国经济出版社	2005
7	培训促进成长	中国经济出版社	2005
8	拿多少，业绩说了算	京华出版社	2005
9	成功向左、失败向右：在企业的十字路口如何正确决策	中国经济出版社	2006
10	激励创造双赢：员工满意度管理8讲	中国经济出版社	2007
11	人力资源管理最重要的5个工具	广东经济出版社	2008
12	人力资源管理体系设计全程辅导（第1版）	中国经济出版社	2008
13	企业流程优化与再造实例解读（第1版）	中国经济出版社	2008
14	金牌班组长团队管理	广东经济出版社	2009
15	薪酬的真相	中华工商联出版社	2011
16	流程优化与再造：实践、实务、实例（第2版）	中国经济出版社	2011
17	管理成熟度评价理论与方法	中国经济出版社	2012
18	流程优化与再造（第3版）	中国经济出版社	2013
19	定工资的学问	立信会计出版社	2014
20	互联网时代业务流程再造（第4版）	中国经济出版社	2015
21	管理就是解决问题	中国纺织出版社	2015
22	年度经营计划管理实务（第1版）	中国经济出版社	2015

续表

序号	书名	出版社	出版时间（年）
23	学管理　用管理　会管理	中国经济出版社	2016
24	人力资源就该这样做	广东经济出版社	2016
25	人力资源管理体系设计全程辅导（第2版）	中国纺织出版社	2016
26	互联网+：电商采购·库存·物流管理实务	中国纺织出版社	2016
27	年度经营计划制订与管理（第2版）	中国经济出版社	2016
28	班组长基础管理培训教程	化学工业出版社	2016
29	互联网+：中外电商发展路径图	中国纺织出版社	2017
30	石油与化工安全管理必读	化学工业出版社	2018
31	年度经营计划制订与管理（第3版）	中国经济出版社	2018
32	不懂解决问题，怎么做管理	中国纺织出版社	2019
33	不懂流程再造，怎么做管理	中国纺织出版社有限公司	2019
34	高绩效工作法	中国纺织出版社	2019
35	业务流程再造（第5版）	中国经济出版社	2019
36	胜任力模型开发与应用	中国经济出版社	2019
37	年度经营计划制订与管理（第4版）	中国经济出版社	2020
38	不懂激励员工，怎么做管理	中国纺织出版社有限公司	2021
39	不懂带领团队，怎么做管理	中国纺织出版社有限公司	2021
40	不懂组织再造，怎么做管理	中国纺织出版社有限公司	2021
41	不懂任职资格，怎么做管理	中国纺织出版社有限公司	2022
42	人力资源管理体系设计全程辅导（第3版）	中国经济出版社	2022
43	把自己打造成团队不可或缺的A级选手	中国经济出版社	2022